관계는 습관이다

적당한 거리에서
행복한 인간관계를 만드는
태도

관계는
습관이다

김진 지음

siso

끌리는 사람은
마음가짐부터 다르다

얼마 전, 답답한 마음을 가눌 수 없어 '고뇌'라는 단어를 포털 사이트 검색창에 쓴 뒤 엔터 키를 눌렀습니다. 순간 모니터 한가득 갖가지 글과 사진으로 채워지더군요. 저는 여기저기 올라온 글을 숨죽여 읽기 시작했습니다. 뭔가 힘이 될 만한 책이나 글을 찾았으면 하는 바람이었죠. 불편한 마음을 달랠 수 있는 그런 책을 말입니다.

오랜 시간을 그렇게 보냈음에도 불구하고 제 생각과 달리 마음에 와닿는 글은 없었습니다. 어딘가 기대고 싶었던 마음은 어느새 상실감으로 변해있었습니다. 하지만 미련을 못 버린 채 계속해서 인터넷 세상을 떠돌았습니다.

제가 글을 찾고자 했던 이유는 누군가를 만나 얻게 되는 위로가 아니라 어떤 울림 같은 것을 바랐기 때문입니다. 직접적인 만남으로는 구할 수 없는, 글을 통해 오롯이 느끼고 받아들여 움직일 수 있게끔 하는 그 무엇을 찾고자 함이었죠. 사실, 누구나 마음이 힘들면 사람을 찾습니다. 저 역시 마찬가지입니다. 하지만 나이가 들수록 정작 마음을 나눌 수 있는 사람이 없다는 것을 실감합니다. 풍요 속의 빈곤이라고 할 수 있을까요? 제아무리 주변에 사람이 많더라도, 온전히 마음을 이해하고 진심으로 받아줄 사람이 흔치 않으니까요.

만약 성인이 아니었다면 그게 누구든 진작에 마음을 터놓고 도움을 청했을 겁니다. 하지만 어른이라 그렇게 하기가 어렵습니다. 아마도 나이와 맞물려 마음의 때가 쌓였기 때문이 아닐까 합니다.

* * *

어느 순간부터 현실이 고되고 버겁게 느껴지면 책을 찾습니다. 제가 경험한 삶은 사람보다 글에서 더 큰 위로를 받는 삶이었기 때문입니다. 뭔가 힘을 내고, 희망을 품기 위해서는 글이 필요합니다. 깨달음은 말이 아니라 글일 때 더 가까이 다가오니까요. 글은 누군가의 진솔한 생각이라 누군가의 마음에 각인됩니다. 허공으로 사라질 가벼운 말이 아닌, 깊은 생각이 담긴 글에는 울림과 위로가 있죠. 얇고 가벼운 종이에 적힌 글일지라도 분명 온기를 품고 있습니다. 그 온기는 오직 따뜻한 마음을 지닌 사람만이 부여할 수 있는 것이죠.

저는 우연히 보게 된 글과 언제인가 품었던 생각이 같을 때 위로를 받곤 했습니다. 그런 사실을 알고 있기에 먼저 글을 찾았고, 오랜 시간 모니터를 벗어날 수 없었던 겁니다.

시간이 걸리기는 했지만 다행히 그날, 한 권의 책을 발견했습니다. 이어령 선생님이 쓰신 『짧은 이야기, 긴 생각』이라는 책이었습니다. 저는 급한 마음에 바로 전자책을 구입했습니다. 어서 제 마음을 추스르고 싶었기 때문입니다. 서점으로 달려갈 여유조차 없을 만큼 마음이 바빴으니까요.

책을 읽어 보니 제목과 마찬가지로 다양한 글이 긴 생각을 하게끔 했습니다. 이어령 선생님에게 누가 되지 않는다면, 그중에 한 편을 여기에 적어보고자 합니다. 이 글이 저의 책을 함축적으로 설명해주기를 바라면서 말입니다.

'어머니의 발견'

홀어머니를 모시고 사는 한 청년이 있었습니다. 취직을 하려고 했지만 면접 때마다 번번이 떨어졌어요. 마지막 기회라고 생각했던 면접에서도 떨어지게 되자, 청년 실업자는 회장님을 붙잡고 읍소했습니다.
"늙으신 홀어머니를 모시고 삽니다. 한 번만 더 기회를 주세요."
뜻밖에도 회장님은 관심을 보이면서 이렇게 대답했습니다.
"노모가 계신다고? 그러면 발을 씻겨 드리고 내일 다시 오게."
집으로 돌아온 청년은 회장님의 요구대로 생전 처음 어머니의 발을 씻겨 드리려고 했지요. 그 순간, 어머니의 발에 박힌 굳은살을 본 것입니다. 그것은 사람의 발이 아니었습니다. 거북이 등처럼 굳어진 발은 여기저기 갈라지고 발톱은 닳아 검게 오그라져 있었습니다.
'어머니가 나를 위해 가셨던 길들은 천 걸음인가, 만 걸음

인가.'

아들을 위해 발바닥이 닳고 피멍이 들도록 걸어온 사랑과 슬픔의 흔적들이었습니다. 청년은 펑펑 쏟아지는 눈물을 감출 수 없었지요. 어머니의 발을 만져 보고서야 비로소 어머니의 마음을 만져 볼 수 있었습니다. 다음 날, 회사로 다시 찾아간 청년은 회장님에게 인사를 했습니다.

"회장님, 감사합니다. 회장님은 저에게 어머니의 사랑이 어떤 것인지 온몸으로 깨닫게 해주셨습니다."

면접도 마다하고 돌아서 나오려는 청년에게 회장님은 말했습니다.

"되었네. 내일부터 출근하게."

— 이어령, 『짧은 이야기, 긴 생각』 중에서

사실 이 이야기는 전혀 새로울 것 없는 내용입니다. 하지만 울림은 무엇보다 큽니다. 그 이유는 누구나 똑같은 마음을 가졌기 때문일 겁니다. 단지 이어령 선생님은 마음속 깊이 숨겨있는 것을 글로 끄집어낸 것뿐이죠. 제가 힘을 얻을 수 있었던 이유도 새로움이 아니라 이미 제 안에 있었던 것이 새롭게 다가와서인 거니까요.

자신의 마음일지라도 정확히 알기란 불가능합니다. 하루에도 숱하게 변덕을 부리는 게 마음입니다. 하물며 다른 사람의 마음을 알고, 얻는 것은 결코 쉽지 않은 일이죠. 하지만 어렵긴 해도 누구나 사람의 마음을 얻을 수 있습니다.

학교에서든 회사에서든 유독 사람의 마음을 훔치는 사람이 있습니다. 너나 할 것 없이 그 사람 주위에 모여들죠. 시간이 짧든 길든, 쉽게 마음을 얻는 사람의 특징은 그 대상이 누구든 특별한 노력을 하지 않는다는 겁니다. 겉모습이 뛰어나서일까요? 물론 외모가 한몫 거들어주는 것도 사실입니다. 하지만 외모를 뛰어넘는 그 무엇이 있죠.

이어령 선생님의 글에서도 보이듯이 사람의 마음, 즉 마음가짐에 따라 행동의 방향이 생깁니다. 걷고자 하는 마음은 걸음을, 달리고자 하는 마음은 달리는 행동을 만들어내죠. 마음을 먹는 순간 어떤 행위든 만들어질 수밖에 없는 겁니다. 그게 마음이 하는 일이죠. 뭔가 마음을 먹었다는 것은 시작하겠다는 것을 의미합니다. 목표를 정하든 꿈을 꾸든 무언가를 행하기 위해서 먼저 행해야 할 것은 마음먹기입니다.

사람의 마음을 얻는 것 또한 다르지 않습니다. 좋은 사람이 되겠다는 마음만 있으면 많은 사람의 마음을 어렵지 않게 얻을 수 있습니다. 마음을 얻기 위한 인위적인 노력은 의미 없습니다. 마음을 얻는 일은 저절로 만들어지는 것이지, 결코 얻고자 하는 생각이 만들어주지 않기 때문이죠.

사람의 마음을 얻고 싶은 바람은 누구나 품기 마련입니다. 우리가 살아야 할 이유를 만들어주는 것은 어쩌면 자신을 진심으로 아껴주고 응원해 줄 사람이니까요. 저는 여기에 제가 알고 있는 사람의 마음에 대해서 썼습니다. 엄밀히 말하면 사람의 마음을 얻는 법에 대해서 쓴 거죠. 그 방법은 특별한 기술 같은 게 아니라 능동적인 움직임 같은 것입니다. 다시 말하면 누구나 좋은 마음을 알아보고, 모두 그쪽을 향한다는 거죠. 품은 마음이 훌륭하면 어쩔 수 없이 사람의 마음을 끌어들일 수밖에 없을 테니까요.

저의 글은 새롭지 않습니다. 누구나 마음속에 있는 것을 썼기 때문입니다. 이 책을 통해 잠시나마 그것을 끄집어낼 수 있는 시간이 되었으면 합니다. 제가 생각하는 마

음과 여러분의 마음이 닿아, 부디 여러분의 마음을 얻을
수 있기를 바랍니다. 고맙습니다.

김진

차례

Part 1.
끌리는 사람은
무엇이 다른가

Part 2.

어딜 가나 환영받는 사람의
관계 법칙 10

Part 3.

끌리는 사람을 넘어
성장하는 사람으로

Part 1.

끌리는 사람은
무엇이 다른가

말보다 행동으로
보여준다

누군가의 마음을 얻는 일은 사람에 따라 쉬운 일일 수도, 아닐 수도 있습니다. 하지만 누군가의 마음에 들기란 성향을 떠나 분명 어려운 일이지요. 마음을 얻는다는 것은 진심을 얻는다는 것과 같은 말이기 때문입니다.

상대의 마음을 얻기 위해서는 자신의 진솔한 마음을 내보여야 하니 결국 마음을 얻는 일은 서로가 진심을 주고받는 것이라 할 수 있습니다. 말처럼 쉬운 일은 아니지요.

어린 시절부터 성인이 되기까지 많은 마음이 행동으로 표현되어 왔습니다. 유아기에는 미소로, 유년기에는 조금 더 섬세해진 웃음으로, 청소년기에는 존재감 같은 것으로 말입니다. 인지했든 못했든 이러한 행위가 사람의 마음을 얻기 위한 방법이지요.

어른이 되기 전에는 솔직한 마음을 충분히 표현하며 누군가의 마음을 얻으려 했습니다. 하지만 어른이 되고 어느 순간부터는 그러기가 힘들지요. 어쩌면 그동안의 인간관계에서 얻은 아픔 때문일지도 모릅니다. 어른이 된다는 것은 늘 상처를 동반하니까요. 또 그 상처는 마음의 문 가까이에 붙어있을 테고요.

사람의 마음을 얻으려면 보이지 않는 기술이 필요합니다. 운이 좋아서 좋은 관계가 만들어졌을지라도 그 관계가 오래가느냐 아니냐는 관계의 기술이 좌우합니다. 이 세상을 홀로 살아가지 않는 이상 누구도 관계로부터 자유로울 수 없고, 좋은 관계를 맺기 위한 방법을 알아야 합니다.

관계의 첫 단추는 나로부터 시작됩니다. 다가가는 것, 받아들이는 것, 또 밀어내는 것 역시 나의 마음이니까요. 그러므로 관계를 잘 맺으려면 우선 나부터 돌아보아야 합니다.

돌이켜 보니 누군가 저에게 먼저 다가오기를 바랐지, 먼저 다가가 마음을 보이고자 한 적은 별로 없었던 것 같습니다. 분명 어린 시절에는 함께 놀고 싶은 아이가 보이면 어김없이 다가가 말을 걸었지요. 고사리 같은 손으로 윤기 나는 구슬을 주었고, 아기는 종이 딱지를 건넸습니다. 제 마음을 표현할 길은 오로지 그것밖에 없었지요. 상대 아이도 다행히 저의 보물을 흔쾌히 받아주었습니다. 어떤 설명도 없이 구슬과 딱지를 건넸지만, 아이와 저는 알고 있었죠. 구슬과 딱지에 마음이 담겨 오고 간다는 사실을 말입니다. 저는 그렇게 아이와 친구가 될 수 있었습니다.

그 어린 나이에 '다른 사람의 마음을 얻기 위해서는 먼저 마음을 보여야 한다'는 걸 실천했다는 게 새삼 신기할 따름입니다. 세상의 때가 묻지 않아서인지 그런 행동이 아주 자연스러웠지요.

사실 말로 누군가에게 마음을 전달하기에는 한계가 있습니다. 말은 그저 말이고, 누구나 번지르르하게 할 수 있습니다. 누군가의 진심을 느낄 때는 말이 아니라 행동을 보았을 때인 이유이기도 합니다. 말은 말 그대로 어떤 행위에 대한 부연 설명에 불과합니다. 사랑도 말보다 행동으로 보여질 때 상대가 더욱 감동하듯이, 그저 껍데기에 불과한 말보다는 진실한 마음이 담긴 행동을 만들어내야 합니다.

친구든 동료든 사람은 누구나 상대가 자신을 진심으로

대해주기를 바랍니다. 그들이 바라는 것은 오로지 솔직함이지요. 관계에서는 진실이 밑바탕이 되어야 합니다. 아무것도 아닌 것처럼 사소하게 느껴지지만 조금 더 깊이 들여다보면 모든 관계는 진실한 마음에서 비롯됨을 알 수 있습니다. 비록 시간이 흘러 퇴색되기도 하지만 진실한 마음으로부터 관계가 시작되는 듯합니다.

이렇듯 사람의 마음을 얻는 방법은 단순하고 쉽습니다. 나의 솔직한 마음만 내어주면 되니까요. 그런데 이렇게나 쉬운 일이, 요즘 우리에게는 왜 이토록 힘들게 다가오는 걸까요?

매력적인 사람의 표정에
숨은 비밀

제 머릿속에는 '멋진 사람'에 대한 기억이 선명하게 남아
있습니다. 오래전부터 그들을 닮고자 노력해왔기 때문이
죠. 저와는 전혀 다른 사람을 한 공간에서 바라보는 것만으
로도 왠지 모르게 기분이 좋았습니다.

그저 부러움뿐이었지만 결코 불편하거나 싫지 않았습니
다. 그것을 넘어선 무엇이 있었기 때문이죠. 왜 저는 그토
록 다른 사람이 되고자 했을까요?

제가 처음 닮고자 했던 사람은 누가 봐도 잘생기고 훤칠
한 사람이었습니다. 그때는 오로지 겉모습밖에 알지 못했
어요. 성격에 비해 외모는 단번에 알아차릴 수 있는 장점이

어서 잘생긴 사람을 닮고자 했던 마음은 어쩌면 본능적인 거라 할 수 있었죠. 많은 사람이 예쁘고 잘생긴 사람에게 끌리는 것은 당연하니까요.

사실 저는 오랜 시간 외모에 관심이 없었습니다. 고등학교 2학년이 되고서야 겉모습에 신경을 쓰기 시작했지요. 그때부터 누군가의 모습을 모방했던 것 같습니다. 외모는 관계를 맺는 데 있어서 꽤 중요한 역할을 한다고 믿었기 때문입니다. 과일가게에 가도 못생긴 사과보다 예쁜 사과를 고르게 되는데, 사람의 관계에 있어서 더하면 더했지 못하지는 않을 겁니다.

그러나 진실은 '외모보다 그 외모를 뒷받침해주는 속마음이 더 중요하다'는 거였습니다. 잘생기고 예쁜 외모를 가졌더라도 마음이 따라주지 않으면 그것만큼 공허한 것도 없으니까요. 제아무리 멋진 외모를 가졌을지라도 마음이 받쳐주지 못하면 안 가진 만 못합니다.

인간관계가 어떤 대화도 없이 바라만 봐도 맺어지는 거라면 오로지 외모밖에 볼 것이 없겠지만, 그렇지 않은 이상 품고 있는 마음까지 가늠해 볼 필요가 있습니다. 사실 바라만 봐도 기분이 좋은 사람은 외모가 아니라 그 속이 예쁘고 잘생긴 사람입니다. 품은 마음이 자신의 외모를 뛰어넘어버리는 마음을 가진 사람요.

이 글을 쓰는 동안에도 제 머릿속을 떠도는 몇몇 사람들이 있네요. 시간이 많이 흘러 기억이 희미하지만 저를 설레게 했던 사람들의 모습은 거의 엇비슷합니다. 부족한 저를 진정으로 아껴주는 듯한 모습이 부드러운 미소에 담겨있었습니다. 바라만 봐도 기분이 좋았던 사람은 고유한 향기가 잔뜩 묻은 미소를 가지고 있었지요. 좋은 마음이 미소로 드러났다고 할까요?

제 기억 속에 좋게 남아있는 사람을 떠올리면 열이면 열, 수줍게 웃는 모습입니다. 저는 왜 이들의 모습을 미소로 떠올리는 걸까요? 그 미소가 저에게 위로를 주었기 때문입니다. 그들은 저를 미소로 품어주었고 저는 그 미소 덕분에 힘을 냈을 테죠. 제가 기억하는 모습은 오로지 미소뿐입니다.

여러분도 저와 같지 않으신가요? 그게 사람의 마음을 움직이는 미소의 힘입니다. 미소는 오로지 진실을 바탕으로 합니다. 일상에서 마주치는 흔하디흔한 표정이라 관심이 없었을 뿐, 아름다운 미소를 가진 사람이 도움을 준다는 사실을 알게 되기까지 많은 시간이 흘러야 했습니다.

여러분 주위에도 매력적인 사람이 있다면, 분명 멋진 미소를 지니고 있을 겁니다. 그 미소가 주변 사람들을 좋은 쪽으로 이끌었을 테죠. 미소는 좋은 마음을 품으면 저절로 만들어집니다. 미소의 힘은 생각보다 강합니다. 친구, 이성, 동료, 아무리 어려운 사람이라도 모두 미소에 마음을 열 수밖에 없습니다. 잘생기고 못생기고를 떠나 첫인상을 결정짓는 요소는 바로 부드러운 미소입니다.

다가가는 마음도 좋지만 다가오게 하는 마음을 지닌 사람은 단연 빛납니다. 지난 시절을 돌이켜보면, 누군가의 마음을 얻기 힘들었던 이유가 모두 저에게 있었다는 걸 알 수 있었습니다. 만약 조금 더 미소 띤 얼굴로 사람들을 대했다면 힘들이지 않고 더 많은 마음을 얻었을지도 모른다는 생각이 듭니다. 미소의 위력은 정말이지 강렬하거든요.

부끄럽지 않게 자기 자신을 돌볼 줄 아는 사람은 누구에게나 환영받습니다. 혹시 자주 무표정한 얼굴이었다면 먼저 기분 좋은 사람이 되는 것이 힘들이지 않고 모두의 마음을 훔칠 수 있는 비밀입니다. 마음을 얻는 문제는 결국 마음가짐의 문제입니다. 누가 알아주든 아니든 먼저 괜찮은 사람이 되겠다는 마음이 사람들을 끌어들일 것입니다.

약점을
강점으로 만든다

저는 특출나게 잘하는 것 하나 없는 보통의 세월을 살았습니다. 되는 것보다 안되는 것이 더 많았지요. 제가 살아온 삶은 약점을 보통 이상으로 끌어올리는 시간이었다고 해도 과언이 아닙니다. 그런데 이제는 누구나 약점이 있고, 약점에 기회가 있다고 말하고 싶습니다. 자신의 약점을 방치하면 영원히 약점으로 남지만, 그것을 보완하면 장점 이상의 것이 되기 때문입니다.

약점은 한없이 사람을 위축되게 하지만 피나는 노력을 통해 약점에 변화를 주면 자신감이 됩니다. 자신의 치부가 사라지면 당연히 그 자리는 자신감이 대신할 것입니다. 약점이 사라졌다는 건 평생을 따라다니던 두려움이 사라졌다는 말과 같습니다.

끌리는 사람들은 단점도 장점으로 보이게 하는 기술이 있습니다. 자신의 단점을 스스럼없이 인정하기에 단점처럼 보이지 않는 것이죠. 그게 진정한 자신감이 아닐까요? 자기 자신을 믿는 사람에게서 뿜어져 나오는 자신감은 매력적입니다.

대학에 다니던 시절, 김장이라는 선배 형이 있었습니다. 이름이 저와 비슷해서 처음부터 참 묘한 느낌으로 다가왔던 형이죠. 학번 차이가 있었지만 저는 사수를 했고 형은 휴학 후, 복학했기에 같이 수업을 들었습니다.

이름이 비슷해서인지 몰라도 형은 유독 저를 따뜻하게 대해주었습니다. 그렇다고 살가움 같은 것은 아니고 한없는 배려였다고나 할까요. 형은 저에 비해 얼굴이 작고 샤프한 스타일인데다 키도 훤칠했고, 목소리도 좋았습니다. 졸업 작품으로 '사천의 선인'이라는 공연을 함께할 예정이었는데, 형과 저는 마지막 오디션에서 경쟁 아닌 경쟁을 해야만 했습니다.

주연과 조연의 오디션이 모두 끝난 직후, 넓은 무대 위에

형과 저 단둘이 남았습니다. 객석은 매우 어두웠고 우리는 한줄기 스포트라이트를 받고 있었습니다. 누군가 그 모습을 봤다면 충분히 주연배우의 모습으로 볼 상황이었지만 그것과는 거리가 멀었습니다. 형과 저는 주연 오디션 때문에 무대에 오른 게 아니었거든요.

보통 주연이나 조연 오디션에는 신청한 학생이 많아서 무대 위가 북적대곤 합니다. 하지만 형과 제가 원하던 배역은 단 두 명만이 지원했기에 여유로울 수 있었던 거죠. 형은 객석과 저를 번갈아 보며 미소 지었습니다. 수줍음이 잔뜩 담긴 미소였지만 자신감에 차 있었죠.

누구 하나 관심을 주지 않는 역할, 제가 볼 수 있는 오디션은 언제나 이런 배역이었습니다. 그래서 제 오디션에는 경쟁자가 없었고, 맨 마지막 순서라 교수님과 학생들의 시선을 독차지할 수 있었습니다. 다행인지 불행인지 대사 한 번 읊어볼 수 없는 오디션이었지만 말입니다.

무늬만 오디션일 뿐, 저절로 주어지는 배역이라 창피함만 한없이 몰려오곤 했습니다. 지금 돌이켜 보니 아이러니하게도 제가 스포트라이트를 받는 날은 오히려 공연 때가 아니라 오디션 때였던 것 같습니다.

우리는 눈부신 조명 때문에 아무것도 보이지 않는 객석을 바라보며 한동안 서 있었습니다. 객석 어딘가에서 들려오는 학생들의 웅성거림, 그것이 무엇이었을지 형과 저는 느낄 수 있었습니다. 어느 순간 무대와 객석의 밝기가 동등해지면서 교수님의 목소리가 들려왔습니다.

몇 마디 말이 오고 간 후, 교수님이 힘있게 박수를 쳤습니다. 그 소리가 점점 더 커지자 앉아있던 학생들도 모두 일어나 박수를 치기 시작했습니다.

형과 저는 서로를 바라보며 환하게 웃었습니다. 그때가 처음이자 마지막으로 제가 주연이 되었던 무대가 아닐까 합니다. 그리고 저의 약점이 강점으로 승화되던 순간이었죠. 물론 형은 아니었습니다. 형은 저처럼 부족해서가 아니라 이유가 있어서 단역을 맡고자 했습니다. 교수님은 그때 이런 말씀을 하셨지요. "자신의 능력을 제대로 알고 있는 사람은 변할 수밖에 없지!"

경찰관 역할을 맡았던 그해, 저의 졸업 공연은 어땠을까요? 과연 저의 부족함이 자신감으로 변했을까요? 그건 여러분의 상상에 맡깁니다.

사실 약점이 강점으로 변하는 순간은 자신의 마음이 변

하는 시점입니다. 약점이었다고 생각했던 것을 더 이상 약점으로 보지 않으면 그게 강점이 될 수 있는 거죠. 이를 위해 자신의 약점을 정확히 알고 있는 것은 중요합니다. 남들에게 비춰졌을 초라한 모습을 모른 척했다면 지금의 저는 없었을 겁니다.

"모든 게 마음먹기 달렸다"라는 말은 결코 진부한 말이 아닙니다. 사람의 마음과 의지를 이보다 더 그럴듯하게 표현할 길은 없지요. 누구나 부족해야 움직입니다. 식량을 구하는 사람은 배부른 사람이 아니라 배고픈 자인 법입니다. 자신의 약점을 정확히 알고 있는 사람은 결국 움직입니다.

누구보다
뜨거운 마음을 가졌다

살아오면서 만난 사람 중에 또렷이 기억나는 사람은 특별한 점이 있었습니다. 기억의 한계를 뛰어넘어 한자리를 차지한 사람들은 굳이 끄집어내지 않아도 어느 순간 불현듯 떠오를 때가 있습니다. 선명한 기억이라기보다는 어떤 잔상으로 남아있습니다.

반듯한 얼굴, 굳게 다물어진 입, 가끔 드러나는 하얀 치아, 떨림 하나 없이 반짝이는 검은 눈빛을 가졌던 친구가 있었습니다. 그의 입을 통해 나오는 소리는 따뜻했고, 무슨 말을 하든 천천히 조심스럽게 흘러나왔습니다. 말수가 많지도 적지도 않았으며 자신의 말보다 제 얘기에 귀를 기울였습니다. 대화를 할 때면 언제나 호기심에 가득 찬 두 눈이 도드라져 보였습니다. 같은 반 친구였지만 아주 친한 사이는 아니었습니다. 그 일이 있기 전까지는요.

그날은 옆 반 학생과 저 사이에 다툼이 일어났습니다. 주먹다짐까지는 아니어도 꽤 심각한 욕과 언성이 오고 갔지요. 싸움의 발단은 복도를 지나는 저에게 옆 반 친구가 일부러 발을 걸어 넘어뜨리려고 한 데서 시작되었습니다. 원래 학교 안에서도 난폭하기로 유명한 아이였는데 복도에서 저를 보자 다짜고짜 시비를 건 겁니다.

마침 그때 친구가 저를 발견하고 말려주는 바람에 그 자리를 피할 수 있었습니다. 아마 친구가 아니었으면 어떻게 됐을지도 모릅니다. 겁이 많이 났는데도 자존심 때문에 옆 반 친구보다 더 심한 욕을 했으니까요. 친구가 피신 아닌 피신을 시켜주는 내내 저는 안도의 숨을 내쉬었습니다.

제가 겪어봤던 좋은 사람들은 언제나 뜨거운 마음을 가지고 있었습니다. 그들은 자신보다 약한 사람을 흔쾌히 돕는 사람이었습니다.

사실 자신보다 약한 사람을 보면서 안타까움을 느끼는 것은 그냥 자연스러운 것인지도 모릅니다. 인위적인 생각이 아니라 저절로 우러나오는 마음이고요. 아니, 어쩌면 마음이 아니라 행동일 수도 있습니다. 누군가를 돕겠다는 마음이 든 순간 이미 마음을 넘어선 행동이 불쑥 나오기 때문이지요. 강자에게 당하는 약자를 보면 그냥 지나칠 수가 없는 겁니다. 오지랖이 아니라 뜨거운 가슴이라 할 수 있지요. 약자를 도와야 하는 순간은 언제나 예고 없이 찾아오는데 고민할 필요 없이 행동이 돼 나왔을 테지요. 후회 없는 행동이 자신의 욕심보다 중요하다는 사실을 아는 사람이라면요.

누군가에게 좋은 느낌을 갖는다면 그것은 자기 자신에게는 없는 면, 즉 자신은 쉽게 할 수 없는 행동을 보였기 때문일지도 모릅니다. 직접적인 표현은 없을지라도 많은 사람이 자신에게 없는 면을 지닌 사람을 좋아하고 곁에 머물고 싶어 합니다. 다시 말하면, 누구나 자신에게 없는 것을 욕심부린다는 말과 같습니다. 팍팍해진 현실에서 누구나 가지기 힘든 뜨거운 마음을 가진다면 지금보다 끌리는 사람으로 바뀔 것입니다.

저는 그 누구보다 뜨거운 마음을 지닌 사람을 많이 보았습니다. 저 역시 그들의 직접적인 도움을 받으며 미약하나

마 좋은 쪽으로 성장했을지도 모릅니다. 사람의 마음을 자신의 마음속으로 끌어들이기 위해서는 약자를 도울 수 있는 마음을 품어야 합니다. 이런 마음은 보통 이상의 힘을 갖고 있습니다. 누구나 알고 있지만 아무나 가질 수 없는 마음이죠. 물론 상대까지 위하는 관계는 오직 욕심을 내려놓았을 때 가능한 일입니다. 욕심은 언제나 무언가를 탐내는 마음이니까요.

미소 띤
얼굴의 효과

제 나이 스무 살, 강남의 한 학원에서 재수를 시작했습니다. 종로나 노량진에 있는 학원에 비해 인지도가 한참 떨어져 원생이 많지는 않았습니다. 예체능을 준비하는 학생들이 대부분이었고, 알고 지내는 사람 하나 없이 쓸쓸한 시간을 보냈습니다.

너나 할 것 없이 무표정한 얼굴은 강의실을 더욱더 어둡게 만들었고, 한쪽 귀퉁이 스피커를 통해 들려오는 수학 선생님의 목소리는 어색한 공기를 가르며 이리저리 흩어지곤 했습니다. 무기력한 제 마음 역시 답답한 공간에서 자유롭지 못했습니다.

50분 동안의 힘든 시간을 보내고 뒷마당에서 다들 삼삼오오 모여 담배를 피웠지만, 저는 한쪽 구석에 홀로 있을 때가 대부분이었습니다. 하루 여섯 시간 이상을 같이 생활했지만 쉽게 마음을 열고 다가오는 사람은 없었으니까요.

어느 차가운 날, 저처럼 혼자 뒷마당에 있는 학생이 보였습니다. 구릿빛 피부에 진한 눈썹이 도드라진 매력적인 학생이었습니다. 그 역시 담배를 피우고 있었지만 그 모습이 뭔가 다르게 느껴졌습니다. 아우라가 느껴진다고 할까요? 분명 그의 주위를 둘러싼 보이지 않는 무엇이 있었으니까요.

그 이후로 학원 복도나 뒷마당에서 가끔 눈이 마주치면 누가 먼저랄 것 없이 눈을 피했지만 불편하지 않았습니다. 저만의 착각일지도 모르겠지만 잘생긴 학생의 얼굴에서 보일 듯 말 듯 옅은 미소가 느껴졌기 때문이죠. 저를 바라보는 눈빛에 분명 편안함 같이 것이 묻어 있었습니다. 서로에 대해 아는 것 하나 없었지만, 그 학생도 저를 의식하고 있다는 생각이 들었습니다. 저도 그도 말을 걸어볼 용기는 없었지만요.

미소에 대한 글을 쓰면서 오래전, 그 학생의 미소가 떠오른 이유는 뭘까요? 왜, 수없이 많이 봐왔던 미소 중에 제 기억은 유독 그의 미소를 선명하게 저장해 두었을까요? 단 한마디도 오가지 않았던 사이인데 말입니다. 미소로 전해 졌을 그 아이의 마음 때문이었을까요?

앞서 언급했지만 미소는 우리가 생각하는 것 이상으로 큰 의미를 지니고 있습니다. 미소는 단순한 표정이 아니라, 누군가의 마음에 있을 긴장감을 풀어주는 역할을 하기 때 문입니다. 어떤 만남이든 경계심을 풀어주는 첫 번째 관문 은 미소입니다. 아무 말이 오가지 않아도 옅은 미소가 불편 함을 없애 줄 것은 분명합니다. 어색함을 편안함으로 바꿀 수 있는 방법은 오로지 미소밖에 없습니다.

누구나 옅은 미소를 통해 닫힌 마음을 조금씩 열기 시작 합니다. 미소는 서로의 마음을 닿게 한다고 할까요? 우리는 미소를 통해 자신의 마음을 알리고 상대방의 마음을 알아 내죠. 미소는 처음은 물론이고 만남의 성사 여부까지 결정 합니다. 얘기 도중 주고받게 되는 미소는 어쩔 수 없이 서 로에게 호감을 만들어주니까요.

새삼 사람의 표정이라는 게 경이롭게 느껴집니다. 왜 신 은 우리에게 표정이라는 마술을 주었을까요? 왜 자신의 감정을 드러낼 수 있는 미소를 선사해 주었을까요? 저는 누군가의 마음을 얻기 위함이라고 생각합니다. 내 마음 상태를 알려야 상대방 또한 마음을 열 수 있으니까요. 첫 만남에 있어서 상대방에 대한 긍정의 말은 가벼워 보일 수 있는 게 사실입니다. 서로를 잘 모르는 상태일 테니 어쩌면 당연합니다. 이런 상황에서 미소는 큰 힘을 발휘합니다. 자신의 마음을 가볍지 않게 전달하는 데 미소만 한 것은 없습니다.

좋은 인상이
가지는 힘

처음 보았는데도 오래전부터 알고 있었던 사람처럼 유난히 친근하고 편안하게 느껴지는 사람이 있습니다. 눈빛은 물론 모든 표정이 선해 보여서 바라만 봐도 기분이 좋아지는 사람이랄까요.

누구나 이런 사람에게는 쉽게 다가갈 수가 있습니다. 다른 사람과 달리 불편하지 않기 때문입니다. 그래서인지 첫인상은 남녀노소를 불문하고 중요하게 생각하는 부분입니다.

인상이면 인상이지, '첫인상'이라는 단어가 번번이 쓰이고 있는 이유가 무엇일까요? 말 못 하는 갓난아이도 첫인상에 따라 울고 웃는데, 하물며 성인은 말할 것도 없기 때문입니다. 사실 첫인상만으로 사람을 평가하면 안 되지만, 처음엔 자신의 느낌을 믿을 수밖에 없고 누군가 대신 판단해 줄 수 없기에 첫인상을 중요하게 생각합니다.

일면식 하나 없는 사람에게서 편안함이 느껴지면 스스럼 없이 다가갈 수 있지 않을까요? 누구나 불편한 사람과는 말조차 섞고 싶지 않은 것처럼요.

저는 비행기나 기차를 탄 직후, 늘 제 옆자리에 누가 앉을지 신경이 쓰입니다. 사실 신경을 넘어선 걱정을 합니다. 차라리 저보다 먼저 와 앉아있으면 모를까, 옆 좌석에 앉을 사람을 기다리는 순간은 꽤 힘듭니다. 그때 저의 바람은 오로지 하나입니다. '불편하지 않게 생긴 사람 즉, 선한 인상을 가진 사람이 앉았으면….' 하는 겁니다.

남들보다 좋은 인상을 가졌다는 것은 여러모로 커다란 경쟁력입니다. 잘생긴 얼굴에 성실해 보이는 이미지까지 갖췄다면 더할 나위 없겠지요.

하지만 다행인지 불행인지 그 수가 적습니다. 수없이 많은 사람 중에서 특별히 빛난다는 건 결코 그런 사람이 많지 않은 탓이겠지요. 현실은 그렇다 해도 저는 누구나 선한 인상을 가질 수 있다고 생각합니다.

얼굴 생김새는 자신의 의지와 상관없이 부모로부터 물려받습니다. 선택이 아니라 주어지는 것입니다. 하지만 얼굴 표정은 살아온 세월이 만듭니다. 자신의 의지에 따라 바뀔 수 있다는 말입니다.

살아온 세월을 보려면 먼저 손을 보라는 말이 있지요. 평생을 노동으로 일관했던 평민들의 손과 주야장천 유학만을 파고들었던 양반들의 손은 다를 수밖에 없습니다. 좋고 나쁨을 떠나서 각기 다른 세월의 흔적을 간직하고 있습니다. 얼굴 역시 손과 크게 다르지 않습니다.

하지만 손은 직접적인 노동을 하는 반면, 얼굴은 정신적인 것에 영향을 받습니다. 손에 육체노동의 흔적이 반영됐다고 치면 얼굴에는 정신이 반영됐다고 말할 수 있을 겁니다. 오랜 시간 겹겹이 쌓인 변할 수 없는 마음이 얼굴에 그대로 새겨지기 때문입니다. 잘생겼든 못생겼든 상관없이 세월이 얼굴 안에 서려 있기에 신비함마저 듭니다. 과학적인 근거는 갖다 댈 수 없지만, 오랜 경험을 통해 보고 느꼈으니 굳이 근거까지는 필요가 없지 않을까 생각합니다.

사람의 얼굴은 자신이 품은 마음에 따라갈 수밖에 없습니다. 누군가가 편안한 이미지를 가지고 있다면 그동안의 삶 역시 편안함을 기반으로 살아왔을 겁니다. 그 이유는 사람의 마음은 오로지 얼굴을 통해 보여지기 때문입니다.

마음이 얼굴을 통해 나타나니, 시간이 쌓이고 쌓여 좋은 인상이든 나쁜 인상이든 만들어지는 것이지요. 결코 자신이 품고 살아온 마음과 얼굴을 분리해서 생각할 수 없는 이유입니다.

누구나 좋은 인상을 가지길 원합니다. 누군가 자신에게 호감을 갖길 바란다면 외면이 아니라 내면에 신경을 써야 합니다. 내면은 내버려 둔 채, 옷과 장신구로만 겉모습을 치장하기 바쁜 사람들이 의외로 많습니다. 외모가 전부라면 굳이 자신의 얼굴에 책임져야 한다는 말이 필요할까요?

세월은 냉정하게 자신의 얼굴에 모든 것을 새겨 놓습니다. 좋은 사람이라 우겨도, 또 나쁜 사람이 아니라 우긴다 해도 이미 답은 얼굴에서 드러납니다. 누군가를 끌어당길 수 있는 인상은 그저 되는 대로 사는 게 아니라, 자신의 인생을 제대로 살아가며 애써 만들어야 하는 것입니다.

편안하게 닿을 수 있는
거리를 만든다

예전에 가깝게 지냈던 동료를 만나 술을 곁들인 저녁식사를 한 적이 있습니다. 한두 달 정도 차이를 두고 퇴사했는데, 그도 저도 새로운 직장에 잘 적응을 못 하고 있었지요. 예전과 다른 근무 환경이 어색하고 싫었던 겁니다. 서로 말은 아꼈지만 둘 다 뭔가 일이 제대로 풀리지 않고 있다는 느낌이 저녁식사 내내 우리 사이를 맴돌고 있었습니다.

그날은 다른 날과 달리 유독 침울하다는 느낌도 받았습니다. 대화는 건조했고 중간중간 불편한 침묵이 흘렀지요. 시간이 지나 술병이 비워지고 어느 정도 취기가 오르자 답답한 마음이 술기운에 조금씩 떠밀려 나왔습니다.

저는 버거운 현실에 대해 이야기하기 시작했습니다. 답답한 마음 때문인지 몰라도 평소보다 많은 말을 쏟아냈던 것 같습니다. 입에서 흘러나오는 말들은 대부분 부정적일 수밖에 없었지요. 하지만 동료는 저만큼 말이 많진 않았고 표정도 밝지 않았습니다. 어쩌면 제 얘기를 들어줄 여유가 없었을지도 모릅니다. 저보다 훨씬 더 힘들었을지도 모르니까요.

늦지 않은 밤, 집으로 돌아오는 길에 후회가 밀려왔습니다. 취기가 좀 있었어도 정신은 멀쩡했는데 '너무 많은 말을 했나?' 하는 생각 때문이었지요. 주거니 받거니 하는 말도 아니었고, 혼자 일방적으로 떠들다 헤어진 것 같았습니다. 기분도 좋지 않은 사람에게 불편한 얘기를 했다는 게 계속 마음에 걸렸습니다. 저는 잠이 들 때까지도, 또 다음 날까지도 그 일로 인해 자유롭지 못했습니다.

말이 많으면 안 좋다고 바라보는 이유는 누군가 자신의 말만 쉴새 없이 내뱉으면 상대방이 말할 기회조차 얻지 못하기 때문이 아닐까 합니다. 불편한 이야기는 듣기도 힘든데, 말 많은 저 때문에 말할 기회도 없었을 그 동료를 생각하니 부끄러운 마음만 앞섰습니다.

누구나 상대의 마음을 얻고 싶어 합니다. 하지만 첫눈에 반하지 않는 이상 서로의 마음이 쉽게 닿는 일은 거의 없습니다. 첫눈에 반했을지라도 부지런히 서로의 마음을 얻어야 첫 느낌을 이어갈 수 있는데, 자신의 마음을 상대방에게 어필하기란 결코 쉽지 않습니다. 아이들과 다르게 순수하게 다가갈 수 없기 때문입니다. 살아온 세월 동안 마음에 때가 묻었다고 할까요?

숱한 시행착오를 겪고 어른이 된 우리는 자신의 마음을 들킬까 봐 두려워합니다. 자신도 상대방도 순수함을 잃어버렸다는 사실을 알기 때문에 조심스럽게 마음을 내보입니다. 세월이 만든 때 때문에 어쩔 수 없이 말이든 행동이든 포장할 수밖에 없는 것이지요.

가끔 자신의 생각과 다르게 많은 말을 하거나 침묵했던 적이 있을 겁니다. 의도한 바와 다르게 엉뚱한 행동이나 말을 해서 자신은 물론 상대방까지 당황스럽게 만드는 상황도 있었을 겁니다. 마음과 달리 이런 행동이 나오는 이유는 무엇일까요? 자신의 마음을 들키지 않으려고 부단히 애를 쓰다 보니 그 마음이 지나쳐서 자신도 모르게 전혀 다른 행동으로 변질돼 나오는 것입니다.

누군가에게 내 마음을 어필하기 위해서는 지나치지 않아야 합니다. 너무 다가가서도 안 되고, 너무 멀어져서도 안 되죠. 서로의 마음이 편안하게 닿을 수 있을 정도의 거리에서 관계를 만들어야 합니다. 적당하지 않은 거리와 눈높이가 맞지 않는 상황은 어느 한쪽이 불편함을 느껴 밀어낼 수밖에 없습니다. 마음은 불편함 뒤에 숨으니까요.

그러므로 사람을 사귀는 일에서는 적당한 거리를 유지할 필요가 있습니다. 그 거리는 마음이 아니라 입이 먼저 만들어줄 겁니다. 마음은 언제나 시간을 필요로 하니까요.

서서히 자연스럽게
다가간다

사회생활을 하다 보면 간혹 잘생긴 외모가 장점으로 작용한다는 걸 느낄 때가 있습니다. 많은 사람이 예쁘고 잘생긴 사람에게 관심을 보이더군요. 또 그 관심은 좋은 쪽으로 흘러갈 때가 많았습니다.

그렇다 해도 외모를 꾸미는 일에 필사적으로 매달릴 필요는 없다고 생각합니다. 시간이 걸릴지라도 분위기만 입혀주면 그것 이상의 덕을 볼 수도 있거든요.

제가 말하는 분위기는 '편안한 인상'입니다. 직접적으로 외모를 바꿀 수 없다면 간접적으로 다른 요소를 바꾸는 방법이 있습니다. 바로 마음을 바꾸는 것인데요. 멋있는 사람이 되고자 하는 마음을 깊게 다지는 것입니다. 얼굴만 잘생겼다고 멋진 사람일까요? 당연히 그 얼굴을 받쳐줄 수 있는 마음과 얼굴이 맞물려 괜찮은 사람으로 비춰지는 것입니다. 진짜 알맹이는 외모가 아니라 그 외모가 품고 있는 마음인 것이지요. 사실 외면이지만 결국 내면인 셈입니다.

좋은 생각을 하면 좋은 행동이 나옵니다. 마찬가지로 나쁜 생각을 하면 나쁜 행동이 나오지요. 한결같은 생각이 일생 이어진다면 얼굴에는 과연 어떤 변화가 있을까요? 품고 살아왔던 마음이 당연히 얼굴에 새겨지게 될 겁니다. 자주 웃는 사람의 얼굴은 어떤 모습이던가요?

시간이 걸릴지라도 의지만 있으면 자신의 얼굴을 바꿀 수 있습니다. 누군가의 마음을 얻을 수 있는 편안한 얼굴은 노력만으로 가능한 일입니다. 그 편안함에 여유만 더해준다면 누구에게나 환영받는 사람이 되지 않을까요? 여기서 여유란 과하지도 모자라지도 않은 행동입니다.

제 첫 직장은 음반을 제작 유통하는 외국계 회사였습니다. 입사 당시 기획이냐, 영업이냐 갈림길에 있었지만 어떤 부서에서 일하게 되든 개의치 않았습니다. 제가 간절히 원했던 회사에 입사한 것만으로도 감사한 마음이었습니다.

공부와 담을 쌓고 살아온 제가 입사할 수 있는 회사는 거의 없다시피 했는데, 부서까지 욕심을 낸다는 것은 사치나 다름없었습니다.

저는 예상대로 영업부에 발령이 났습니다. 어려서부터 집에 머물지 않고 밖으로 나다니는 것을 유독 좋아했던 터라 거부 반응이나 서운함 같은 것은 전혀 없었습니다. 또한 외근의 비중이 높아서 내근에 대한 부담을 덜 수 있는 이점도 있었지요. 새로운 사람을 만나는 일도 제게는 전혀 문제가 되지 않았습니다. 솔직히 달가운 일까지는 아니더라도 최소한 그런 만남이 두렵지는 않았습니다. 허황된 꿈을 접고 입사한 회사는 일종의 차선책이었지만 적성에 잘 맞을 것 같았습니다.

하지만 그런 제 생각과 달리 처음부터 어려움이 많았습니다. 입사 며칠 후에 새로운 음반을 홍보하기 위해 거래처를 돌아다니던 날이었습니다. 방문하는 곳마다 한결같이 저에게 인사를 해주었지만 그게 전부였습니다. 형식적인 인사와 짧은 얘기가 오고 가면, 어김없이 썰렁한 공기가 감돌았습니다. 사람들은 쉽게 다가오지도, 마음을 열지도 않았습니다. 약속이나 한 듯 모든 거래처가 다 똑같았습니다.

제가 머문 시간은 채 5분이 되지 않았고, 그들과 저를 위해 할 수 있는 배려란 서둘러 나오는 것밖에 없었지요. 저는 그렇게 의기소침한 모습으로 한동안 거래처 사람들을 만나곤 했습니다. 그 불편함 때문에 가끔은 숨이 턱턱 막혀오기도 했지만 제 업무였기에 피할 수도 없었지요.

그렇게 한 달이 지나고 두 달이 지나자 조금씩 변화가 생겼습니다. 그전과 다를 바 없이 인사와 짧은 얘기만 나눴을 뿐인데, 어느 순간 공간에 머물던 썰렁한 공기가 사라진 겁니다. 저는 물론 그 누구도 특별한 노력을 하지 않았는데 그전과는 다르게 분명 거래처와 저 사이에 뭔가가 만들어져 있다는 걸 느낄 수 있었습니다.

거래처 사람들과 관계를 맺으며 제가 알지 못했던 기량을 발견했습니다. 저에게는 사람을 편안하게 만들고 끌어들이는 능력이 있었지요. 시간이 필요하긴 했어도 사람들이 점점 호의를 베풀어주는 것이 느껴졌습니다.

비즈니스적인 만남이든 아니든 시작이 결과에 이르려면 편안함 없이는 불가능합니다. 아마 그때의 저는 거래처 사람들과 편안한 만남이 되기를 원하고, 또 저의 방문이 상대로부터 편안하게 느껴질 수 있도록 애썼던 것 같습니다.

그 전까지 저는 참 의기소침하고 내성적인 성격으로 살아왔습니다. 남들처럼 나서지도 당당하지도 못한 생활이 제가 기억하는 저의 10~20대의 모습입니다. 이런 소심함이 제게 배려 비슷한 것을 만들어줬을지도 모릅니다. 용기가 부족해서 표현하지 못했을 뿐인데, 남들은 친절하게도 그것을 양보로 봐주었습니다.

비약일지도 모르지만 저를 봐도 또 저와 비슷한 누군가를 떠올려봐도 제 생각이 틀린 것만은 아닌 것 같습니다. 지나온 세월과 환경이 몸과 마음에 자연스러운 편안함을 만들었던 것 같습니다. 어쩌면 저는 소심한 마음의 덕을 본 셈입니다. 과거는 물론 현재에 이르기까지 그 덕을 톡톡히 보고 있으니까요.

비호감만 아니라면 관계는 모두 시간이 만들어줍니다. 소리 없이 흐르는 시간은 약이자 회복입니다. 그것은 이미 예정된 것이고, 오로지 시간만이 내줄 수 있는 선물이죠. 관계는 빠르게 만들어지지 않습니다. 급하다고 해서 서둘러 달려들다가는 오히려 관계를 망칩니다. 한 발짝 다가가면 한 발짝 뒤로 물러납니다. 불편하니까 당연한 일입니다.

관계는 길과 같습니다. 처음 지나는 길은 누구나 낯설게 느끼지만, 그 길을 다니는 횟수가 늘어날수록 자신도 모르게 익숙해질 수밖에 없습니다. 사람과 사람 사이의 관계도 이와 다르지 않습니다. 단 한마디 말도 오가지 않았을지라도 자주 마주치고 보게 되면 어느 순간 잘 알고 있었던 사람처럼 익숙하게 다가오니까요.

일을 잘하고 싶다면 그게 어디든 자신의 얼굴을 자주 내비치면 됩니다. 딱히 할 말이 없어도, 머무르는 시간이 얼마 되지 않아도 얼굴만 열심히 보이면 결국 관계가 만들어지고, 그 관계가 뛰어난 실적을 만들어줄 것은 분명하니까요. 단, 거기에 진심이 담긴 배려가 있으면 금상첨화입니다.

꾸미지 않은
진심은 통한다

누구나 자신을 대하는 사람이 진실하기를 바라지요. 사실 누군가를 진실하게 대하는 것이 당연해야 하지만, 현실은 생각과 달리 그것을 특별하게 보이게 합니다. 관계에 있어서 진실한 마음이 귀한 대접을 받는 세상이 된 것을 보니, 거짓된 마음이 어느새 일반화되었나 봅니다.

사회에 나온 후로 30년 가까이 사람으로 인해 많은 상처를 받았습니다. 배신이나 무시도 당했습니다. 배신감은 참기 힘들더군요. 진실이 아니라 거짓으로 저를 대했다는 사실을 알게 되어서인 것 같습니다. 누군가의 행동이 진심이 아니었다는 것을 알았을 때, 참 커다란 상처를 받게 됩니다.

쓸쓸하지만 진심이 돋보이는 이유는 희소성 때문이라고 밖에 말할 수 없을 것 같습니다. 누구나 당연히 가져야 할 마음이지만 흔하지 않으니까요. 그래서 당연한 것인데도 불구하고 고마움을 느낍니다.

많은 사람이 "사람의 마음을 얻기가 힘들다"라고 얘기하지만, 사람의 마음을 얻는 법은 결코 어렵지 않습니다. 거짓된 마음으로만 대하지 않으면 됩니다. 친절을 베풀라는 말이 아닙니다. 감동을 주라는 것도 아닙니다. 거짓의 마음만 없으면 됩니다. 이렇게 쉬운 것을 못할 이유가 있을까요?

거짓으로 진실을 포장할 수는 있어도 결국 드러나게 되어 있습니다. 누군가의 마음을 얻기 위해서는 무조건 진심이 우선시 되어야 합니다. 마음을 얻으려면 진실한 마음이 먼저 한 발짝 나서야 합니다.

누군가 웃으며 친절한 척하지만 공허함만 느껴질 뿐, 기분이 썩 좋지 않을 때가 있습니다. 분명 친절한 게 맞는데, 진심이 느껴지지 않는달까요? 이런 행동이 나오는 이유는 무엇일까요? 마음에서 우러나지 않는 친절을 분명 직업 때문에 행하는 사람도 있습니다. 자신의 업무가 어쩔 수 없이 친절을 요구하기 때문일 테지요. 이러한 친절은 업무를 잘 수행하기 위한 가짜 연기입니다. 친절이 아니라 친절이라는 가면을 쓰고 업무를 충실히 수행하는 것이지요.

진실한 마음 없이 베푼 친절이기에 공허만 가득합니다. 웃으며 말한다고 해서 모두 친절이라 말할 수 없지요. 웃음과 상냥한 말투를 이용하고 있을 뿐이지 속마음은 전혀 다를 수 있습니다. 진심이 부재중인 친절을 베풀 바에야 차라리 일상적인 표정이나 행동이 더 나을지도 모릅니다. 상대방이 불편하기 때문입니다. 연기가 완벽하면 모를까, 결코 완벽할 수 없기에 상황 자체가 불편해집니다.

드라마를 볼 때 유독 연기를 못하는 배우가 있다면 시청하는 사람이 극에 몰입할 수 없습니다. 오히려 과장된 친절보다는 그냥 최소한의 예의를 지키는 것이 나은 이유입니다.

오래전, 저와 함께 근무했던 직원이 있었습니다. 그 직원은 인상도 좋았고 항상 밝은 분위기를 연출하는 사람이었습니다. 그 직원을 보면 열이면 열 모두가 인상이 좋다고 얘기했을 정도였습니다. 그와 인연을 맺게 된 고객들 역시 입에 침이 마르도록 칭찬을 아끼지 않았지요. 저 또한 처음 봤을 때부터 호감을 가졌습니다. 하지만 저는 오래지 않아 이 직원에게 실망하고 말았습니다.

어느 날, 그 직원이 고객과 통화를 했습니다. 그 시간 내 내 평소 자신의 이미지와 같은 태도로 일관해 대화를 이어 갔습니다. 상대가 어떤 어려움을 토로하는 듯했지만 직원 은 끝까지 흐트러지지 않았습니다. 그러나 통화가 끝난 직 후 저는 저의 두 귀를 의심해야만 했습니다.

수화기를 내려놓자마자 상대 고객에 대한 욕과 험담을 쏟아내는 그 직원의 모습을 보고 꽤 충격을 받았습니다. 친 절했던 말투는 온데간데없고 입에서는 연신 욕이 흘러나 왔습니다. 물론 그 마음을 모르는 것은 아니지만 정도가 지 나쳐 보였습니다. 사무실에 혼자 있었으면 모를까, 씁쓸한 마음을 감추기 어려웠습니다.

제가 친절이라는 단어를 주야장천 들먹인 이유는 진실 에 관해 이야기하고 싶어서입니다. 어떤 행위든 진실이 빠 지면 공허할 수밖에 없습니다. 상대방에게 마음을 팔든, 상 품을 팔든 진실이 담겨야 통합니다. 사람의 마음을 얻는 데 진실보다 나은 것을 보지 못했습니다. 언제나 진실은 마음 을 움직였고 긍정의 에너지를 주었습니다.

진실한 사람은 웃음도 친절도 과하지 않습니다. 진심이 바탕이 되어 나온 친절은 살아온 세월에 기반합니다. 즉,

친절이란 자신이 만들어낸 세월의 결과물인 셈이죠. 쉬운 듯하지만 쉽지 않은 게 친절입니다. 친절함 또한 마음가짐 이니까요.

자신의 말투에
신경을 쓴다

타고난 얼굴이나 외형에 상관없이 후천적으로 충분히 만들 수 있는 것이 매력입니다. 이렇듯 누구에게나 열려있다는 게 매력의 큰 장점입니다. 제가 말하는 매력은 외모를 포함해 사람의 분위기를 포괄적으로 반영합니다. 물론 정신적인 것도 예외는 아닙니다. 매력은 보이는 게 아니라 느끼는 거라 말할 수 있으니까요.

상대가 매력을 느끼는 가장 큰 요소는 무엇일까요? 말투가 아닐까 싶습니다. 사람의 입에서 나오는 말투에는 마음의 색깔이 담겨 있습니다. 저마다 다른 말투는 사람의 성격을 보여줍니다. 또한 얼굴 이상으로 첫인상을 좌우합니다.

외모를 뛰어넘는 것이 말투라는 사실에 이견을 달 수 있을까요?

목소리가 좋고 안 좋고를 떠나서 누군가의 입을 통해 나오는 말투는 인격을 대변한다 해도 결코 과언이 아닙니다. 한 사람의 인격은 말투를 통해 드러나는 경우가 대부분입니다. 말투를 단순히 소리로 치부해서는 안 됩니다. 자신의 마음을 소리의 힘을 빌려 내보내는 것이니까요.

제 경험만 보아도 내면이 아름다운 사람은 말투까지 아름다웠습니다. 또 강한 내면을 가진 사람은 목소리에 힘이 있었습니다. 내면과 말투는 따로 떨어져 존재하지 않습니다. 우리 몸속 어딘가에 자리 잡고 있을 내면은 말투를 정교하게 조정합니다.

과연 제 주위 사람 중 몇 명이나 말투에 의미를 부여할지 의문입니다. 누구나 말투의 중요성을 알면서도 쉽게 지나치는 이유는 뭘까요? 어쩌면 '이미 만들어진 말투는 바꿀 수 없다'라는 생각 때문일지도 모르겠습니다. 사실 저마다 굳어진 말투를 바꾸기란 어려울 것입니다.

하지만 말투에 색은 입힐 수 있습니다. 많은 사람이 말투의 중요성을 알고 있으면서도 외모에만 신경을 씁니다. 한 달에 한 번만이라도 자신의 말투에 신경 써 본다면 어떨까요? 외모는 보이는 것이고 말투는 들리는 것입니다. 얼굴이 보이지 않는 상태에서는 말투로 어느 정도 성격을 파악할 수 있습니다. 대화 이전의 호감은 외모에서 나오지만 그 호감을 계속해서 끌고 나갈 수 있는 힘은 오로지 말투에서 비롯됩니다.

그래서 저는 자신의 말투를 인지하는 것이 매력적인 사람이 되는 길이라 생각합니다. 물론 단서가 있습니다. 말의 내용이 결코 가벼워서는 안 된다는 점입니다. 좋은 말투와 좋은 내용이 함께 갈 때, 분명 울림이 있을 테니까요.

저는 매력적인 사람들을 보면서 겉모습이 아니라 그 안에 담겨있을 마음에 관심을 가졌습니다. 매력은 겉이 아니라 속에서 만들어진다는 것을 알았기 때문입니다.

그동안 봐온 매력적인 사람은 외모 혹은 소리가 좋지 않아도 충분히 매력적이었어요. 물론 말을 잘하는 것도 아니었습니다. 하지만 남들과 차별되는 다른 매력이 있었지요. 가볍지 않고, 밀도 높은 대화가 내내 공간에 함께 있었습니다. 그 밀도를 만들어 낸 게 저는 진정성이 담긴 말투가 아닐까 생각했습니다. 목소리가 좋아서, 말을 잘해서 누군가에게 빠져버린 것이 아니라 저를 바라보는 눈빛과 어우러진 어떤 온기 때문이었지요. 외모가 조금 부족해도 목소리가 좋지 않아도 진실한 마음이 느껴지는데 과연 빠져들지 않고 배길 수 있을까요?

잘생긴 외모에 이끌려 관심을 가졌다가 실망한 적이 있습니다. 또 능력이 좋은 사람에게 다가갔다가 상처를 받은 적도 있었습니다. 시종일관 웃음을 주었던 후배에게 배신감을 느껴 멀리하기도 했습니다. 처음에는 몰랐지만 그 자리에 있어야 할 진정성이 없었기 때문입니다.

사랑을 얻고 누군가의 마음을 얻기 위해서는 화려한 얼굴이나 언변은 필요 없습니다. 진심이 묻어 나오는 말투면 충분합니다. 말주변이 없어도, 긴장한 탓에 말을 더듬어도 말투에서 진정성만 느껴진다면 사람의 마음을 얻는 데 아무 문제도 없습니다.

제가 만나온 매력적인 사람은 자신이 가진 매력이 무엇인지를 스스로 잘 알고 그것을 진정성이 엿보이는 말투로 어필하곤 했습니다. 자신의 매력을 잘 알고 활용하는 사람은 어디서든 좋은 관계를 만들어갑니다. 우리가 가진 각자의 말투에 관심을 가져야 할 이유입니다.

온몸에서 배려가
흘러넘친다

얼마 전, 일 때문에 오십 대 중반의 부부를 만났습니다. 처음 두 분을 뵈었을 때, 대화를 나누지 않은 상태임에도 불구하고 두 분의 모습에 압도되었습니다. 겉모습만으로 두 분의 성격이나 인격이 파악되었다고 할까요? 모르려야 모를 수가 없을 정도였습니다.

대화가 오고 가는 사이 알 수 없는 편안함이 낯섦을 대신해 주었습니다. 범접할 수 없어 보였던 아우라가 마치 저를 가만히 품어준 느낌이었습니다.

저는 선남선녀를 근거리에서 많이 봐왔습니다. 얼굴은 잘생겼지만 인격은 별로인 사람도 있었습니다. 생김새랑

따로 놀았던 사람이 많았습니다. 하지만 제가 뵈었던 두 분은 외모와 인격이 정확히 일치하는 듯했습니다. 외모에서 인격이 보였다고 할 수 있었지요. 대화 내내 진심 어린 눈빛을 느낄 수 있었고 저에게 무슨 말을 하든, 어떤 질문을 하든 존중이 묻어났습니다. 또 차분한 목소리와 어울리게 말은 과하지도 부족하지도 않았습니다. 두 분은 어떤 의심도 없이 저의 제안을 흔쾌히 받아주었습니다.

저는 처음부터 끝까지 흥분을 감출 수 없었습니다. 두 분을 마주한 시간 동안, 제 머릿속에는 말이 아니라 눈과 마음으로 교감한다는 생각이 떠나질 않았습니다. 시간이 많이 흐른 지금도 말보다 눈빛에 대한 기억이 더 강렬하게 남아있습니다.

그런데 더 신기한 것은 두 분의 모습이 약속이나 한 듯 똑같았다는 점입니다. 출중한 외모와 마찬가지로 두 분의 성격이며 행동거지 역시 출중했습니다. 저는 '매력적'이라는 말을 꽤 좋아합니다. 이분들은 제가 만나본 그 어떤 사람보다 매력적이었습니다. 귀신도 홀릴 만한 에너지가 온몸에서 느껴질 정도였지요.

이 두 분은 제가 이 책을 쓰려고 했던 계기, 즉 제가 생각하고 있는 훌륭한 마음을 갖추고 있었습니다. 온몸에서 배려, 존중, 겸손이 흘렀습니다. 진심은 말할 필요도 없고요. 그것들에 관해 쓰고 있는 지금도 놀라울 뿐입니다. 제가 상상했던 마음속 인물을 현실에서 직접 만났기 때문입니다. 어쩌면 두 분은 제 상상을 넘어선 인물이었는지도 모르겠습니다. 열이면 열, 모두가 말을 걸어보고 싶을 정도의 매력을 가지고 있었으니까요.

다행히 시간이 흐른 지금도 처음 느낌 그대로 좋은 관계를 유지하고 있습니다. 사람의 매력이라는 것도, 어쩔 수 없이 배려라는 울타리 안에서 만들어질 수밖에 없나 봅니다. 물론 거기에는 존중과 겸손도 함께 있을 테지요.

육체가 커졌다 한들 성장했다고 말할 수 없습니다. 몸집이 커진다는 것은 어른이 된다는 것을 의미하지만 그와 함께 정신도 걸맞게 성장해야 하기 때문입니다. 덩치가 크다 할지라도 그 몸에 맞는 정신을 갖지 못하면 결코 어른이라 할 수 없습니다.

저는 나이가 많든 적든 정신이 제대로 성장한 사람의 특성을 '배려와 존중 그리고 겸손'이라고 생각해 왔습니다. 이 세 가지가 사람의 됨됨이를 좌우하는 중요한 요소이지요. 또한 이 덕목은 마치 삼 형제처럼 비슷한 뜻을 내포하고 있기에 서로 떨어져 존재하기가 어렵습니다. 즉 배려가 없는 사람은 존중과 겸손도 없고, 존중할 줄 모르는 사람 역시 배려와 겸손을 찾아보기 힘듭니다. 겸손 역시 밑바탕은 배려와 존중이니 마찬가지입니다. 남녀를 불문하고 매력적인 사람들은 대부분 이 세 가지를 마음에 품고 있었습니다.

저는 '자신의 욕심을 잠시 내려놓는 것이 배려'라고 생각합니다. 누군가를 도우려면 물질이든 아니든 조금 손해를 볼 수밖에 없습니다. 자신이 조금 밑지더라도 타인을 위해 희생하는 것이 배려이지요.

맛있는 음식이 눈앞에 있으면 당연히 군침이 돕니다. 그리고 남들보다 빨리, 많이 먹고 싶지요. 세상 물정 모르는 어린아이라면 다른 사람의 눈치를 볼 것도 없이 바로 손이 음식으로 갈 겁니다. 배려심 없는 사람 역시 별반 다르지 않을 거고요.

하지만 배려가 깊은 사람은 양보할 줄 압니다. 누구나 그런 세심한 마음에 감동을 받을 겁니다. 많은 사람이 욕심을 채우려고만 하지, 베푸는 것에는 소홀하기 때문입니다. 그래서 배려의 효과는 커다란 파장을 일으킬 수 있을 만큼 강력합니다. 사소할지라도 베풀 수 있는 마음은 그 사소함을 훨씬 뛰어넘습니다.

하지만 배려의 뜻은 알지라도 그것을 쓸 줄 모르는 사람이 부지기수입니다. 배려는 기술이 아니라 인품의 한 모습이니까요.

예의를 뛰어넘어
존중한다

존중이라는 단어를 사전에서 찾아보니 '높이어 귀하게 대함'이라 설명되어 있었습니다. 사실 오랜 시간을 살았음에도 쓰임만 알았지, 이런 깊은 뜻을 품고 있을 줄은 전혀 몰랐습니다. 단순히 누군가를 함부로 대하지 않는 것으로만 알고 있었습니다. 높이고 귀하게 대하는 것과 함부로 대하지 않는 것은 전혀 다른 의미입니다.

존중은 어떤 선을 넘지 않는 수준의 환대 같은 것이 아닐까 생각합니다. 누군가에게 존중을 받는다는 생각이 들면 제 자신을 다시 한번 돌아보게 됩니다. 그 느낌은 뿌듯함도 기쁨도 아닌 책임감 같은 거라 할 수 있습니다. 앞으로도 더 잘하고 베풀어야 할 것 같은 묵직한 마음 말입니다. 존중을 받으면 이렇듯 의무감 비슷한 것이 따라올 수밖에 없나 봅니다.

존중은 중요한 삶의 기술입니다. 일부러 강조하기 위해서 '기술'이라는 표현까지 썼지만, 그런 표현은 표면적인 것에 불과합니다. 진정한 존중의 의미를 알고 있는 사람은 강하든 약하든 누구에게나 평등합니다.

하지만 이기적인 사람들은 오로지 자신보다 강한 사람만을 존중하지요. 과연 이런 사람들의 행동을 존중이라 부를 수 있을까요? 이것은 존중이 아니라 자신의 마음을 기만하는 행위입니다. 자신보다 강하다는 이유로 어쩔 수 없이 만들어진 존중은 언제든 변할 수가 있습니다. 시간이 흘러 관계가 흐트러지고 나면 바로 본색을 드러내고 말지요.

제가 알고 있는 존중은 그 대상이 누구든 차별 없이 대하는 것입니다. 존중이 금세 무시로 변해 버릴 사람이 지금 제 주위에도 많다는 걸 알고 있습니다. 그래서 누군가의 존중이 빛날 수밖에 없는 것이니까 탐탁지 않더라도 현실에 순응합니다.

저는 예의를 넘어선 것을 존중이라 봅니다. 예의라면 보통 사람이 무조건 갖춰야 할 덕목이지만 존중은 선택의 문제입니다. 예의와 달리 존중을 행하지 않는다고 해서 욕을 먹을 사람은 없습니다. 그럼에도 불구하고 존중을 행해야 하는 이유는 무엇일까요?

계속해서 관계가 이어질 사람이든 아니든 상관없이, 가진 것이 있든 없든 존중을 행하는 사람은 어떤 관계에서든 인정받습니다. 관계도 없고 어떤 연관성도 없는 사람을 높여서 귀하게 대할 수 있는 사람은 분명 본받아야 마땅하니까요.

이런 사람의 특징은 존중을 당연하게 여긴다는 것입니다. 이유를 달지도 않고 그저 자연스러운 행동으로 보여줍니다. 존중은 관계의 시작이자 끝입니다. 마음에서 우러나오는 존중은 관계를 돈독하게 하고, 관계가 이어지게 하는 끈끈한 힘이 되어 줍니다. 관계는 누군가의 존중을 받아들이면서 만들어지고, 존중을 받는 사람과 더불어 존중을 행하는 사람 역시 기쁨을 느낍니다.

자신의 마음속에 존중이 습관처럼 밴 사람은 바로 '존중의 비밀'을 잘 알고 있는 사람입니다. 상대방을 기분 좋게 해주는 행위를 통해 더 많은 사람의 마음을 얻습니다. 존중을 하나의 수단으로 생각하는 사람은 결코 여기까지 알 수가 없습니다. 존중이 상대방의 기분을 좋게 한다는 것은 알지라도, 그것을 진심으로 행할 때 자신이 더 큰 기쁨을 느낀다는 사실은 모를 테니까요.

존중은 한결같이 해야 합니다. 자신의 이익을 위해 태도를 시도 때도 없이 바꾸면 안 되지요. 당장은 도움이 될지 몰라도 결국 자신에게 해로 돌아올 겁니다. 앞서 말했듯이 어떤 사심도 없이 평등하게 존중을 행하는 사람은 모든 사람이 찾게 만드는 마법의 무기를 가진 사람입니다.

오랜 시간 사람을 대하면서 느낀 것은 거의 대부분의 사람이 성품을 우선으로 본다는 사실입니다. 애써 자신의 마음을 드러내지 않지만 은연중이든 아니든 자신도 모르게 끌릴 수밖에 없습니다.

존중은 자신과의 약속입니다. 이 약속이 틀어지지 않고 지켜질 때, 비로소 자신의 성품이 되는 것입니다. 진지한 생각과 노력 없이는 결코 불가능한 일이지요.

겸손한 태도로
호의를 이끈다

사회생활을 하다 보면 자발적으로 호의를 이끌어내는 사람이 있습니다. 특별한 이유 없이 잘해주고 싶은 사람 말이죠. 누군가를 끌어당기는 힘은 아마도 호감이 아닐까 합니다.

관계나 만남에 있어서 호감은 자성과 같은 성질을 지닙니다. 자석이 철을 자신의 몸으로 끌어당기듯, 호감은 상대방의 마음을 가슴으로 끌어당깁니다. 사람마다 느끼는 호감의 정도가 모두 다르고, 그 종류도 많지만, 조금의 호감도 없이 관계가 이뤄지기란 어려운 일입니다.

관계의 첫 단추는 서로에 대한 관심이고, 그 관심이 좋은 쪽으로 발전하면 호감이 만들어집니다. 그것이 구체적인 행동이 돼 나오는 것을 '호의'라고 말할 수 있습니다.

누군가로부터 호감을 산다는 것은 소중한 경험입니다. 하루에도 수없이 스쳐 지날 수밖에 없는 사람 중에, 호감을 살 수 있다는 사실 자체가 축복일지도 모르니까요.

길 위에서 아니면 만원 지하철에서 우리는 수없이 많은 사람을 봅니다. 그중에 단 한마디라도 건네고 싶은 사람은 거의 제로에 가깝지요. 말이나 눈길이라도 줄 수 있는 사람은 그래서 특별합니다.

호감을 이끌어내는 사람의 모습을 찬찬히 살펴보면 남들과는 차별되는 에너지가 있음을 느낄 수 있습니다. 그들은 어떤 말이나 행동 없이도 사람을 기분 좋게 해주는 기운을 가지고 있습니다. 그 기운은 단지 잘생긴 얼굴에서 나오는 것일까요? 물론 사람의 인상을 제쳐두고 호감을 얘기하기란 어려운 일입니다. 말이 오가기 전에는 오로지 겉모습밖에 보이지 않으니까요. 분명 외모도 중요하지만 호감은 조금 더 복잡한 모습을 통해 만들어집니다.

호감은 선한 얼굴, 환한 미소, 겸손이 느껴지는 몸가짐 등에서 나옵니다. 사실 호감을 얘기하면서는 '겸손'이라는 단어를 빼놓고 말할 수 없습니다. 제아무리 잘생긴 얼굴을 가졌을지라도 겸손하지 않으면 호감은 고사하고 욕만 먹을게 당연하니까요.

제가 알고 있는 겸손은 단순히 '자신을 낮추는 것'이었지만, 사실 이 글을 쓰면서 겸손의 정확한 뜻을 알게 되었을때, 조금 놀라운 느낌도 받았습니다. 그 이유는 겸손 안에서 어렴풋이 존중의 모습을 보았기 때문입니다. 어쩌면 존중과 겸손은 단어만 다를 뿐, 같은 뜻처럼 보였습니다.

누군가를 존중한다는 것은 자신이 아니라 상대방을 귀하게 여기는 태도이니 존중을 행하는 순간 자신을 내세우지 않게 됩니다. 겸손 역시 자신을 내세우지 않는 행위이니 겸손하면 자연스럽게 상대방으로 하여금 존중의 감정을 느끼게 해줄 것은 당연합니다. 즉 자신을 드러내지 않는 태도가 결국 상대방을 높인다는 말입니다.

저는 이렇게 정리해 보고 싶습니다. '존중과 겸손은 한 뱃속에서 나왔으며, 각자 떨어져 존재할 수 없는 관계'라고 말입니다. 또한 이 둘은 자전거의 앞뒤 바퀴와 같은 사이이자, 바늘과 실처럼 항상 붙어있어야 더 큰 의미를 지닐 수 있다고 말입니다.

존중을 행하는 사람은 이미 겸손이 몸에 밴 사람일 것이며, 일상에서 겸손이 습관처럼 나오는 사람 역시 어김없이 존중을 행할 것입니다. 겸손과 존중이 같다고 얘기한 것은 결코 비약이 아닙니다. 겸손한 태도는 상대방을 존중한다는 의미이고, 존중의 태도 역시 겸손 없이는 나올 수 없는 마음입니다.

겸손은 사람에 대한 최선의 예의입니다. 서로를 알지 못하는 상태에서 겸손처럼 편안함을 주는 행동은 없습니다. 어쩌면 짧은 시간 믿음까지 심어줄 수도 있습니다. 호감은 겸손 안에서 만들어질 수밖에 없습니다.

누군가에게서 호의를 이끌어내는 방법은 어렵지 않습니다. 누구나 겸손한 사람을 좋아한다는 사실만 상기하면 됩니다. 그런데 왜, 누구나 환영해주는 사람의 성향을 잘 알면서도 우리는 그런 사람이 되지 못하는 걸까요? 아마도 겸손이라는 단어의 뜻은 알아도 자신의 것으로 만드는 방법을 몰라서일 겁니다. 누군가를 이기고 올라서는 방법만 알려주었지, 사람의 기본적인 예의는 알려주지 않는 세상이 돼버렸으니 당연한 결과가 아닐까 합니다.

어른이 되어서도 노력하지 않으면 평생 배려, 존중, 겸손의 주인이 될 수 없습니다. 자신의 마음속에 우선적으로 새겨야 할 뭔가를 알고 있는 사람, 어제와 다른 오늘, 그리고 오늘과 다른 내일을 마주하기 위해 끊임없이 자신을 채찍질하는 사람만이 얻을 수 있는 것 같거든요.

지금도 봉준호 감독의 아카데미 수상 소감 장면만 떠올리면 소름이 돋습니다. 이 글이 인쇄되기 전에 이렇게 글로 쓸 수 있다는 것이 영광입니다. 어쩌면 지금까지 써온 겸손에 대한 제 글은 아무런 의미가 없을지도 모릅니다. 그의 수상 소감에 이미 완벽하게 담겨있으니까요.

"어렸을 때 제가 항상 가슴에 새겼던 말이 있었는데, 영화 공부할 때 들었던 '가장 개인적인 것이 가장 창의적인 것이다'라는 말입니다. 그 말을 하셨던 분이 누구셨냐면 우리의 위대한 마틴 스콜세지가 했던 말입니다. 제가 학교에서 마틴의 영화를 보며 공부했던 사람인데 그와 함께 후보에 오른 것만으로도 너무 영광입니다."

제92회 아카데미 시상식에서 봉준호 감독의 수상 소감은 영화 〈기생충〉의 4관왕 석권보다 빛났습니다. 한국영화

101년 역사상 기적 같은 일이 벌어졌지만, 그것을 넘어선 그의 겸손이 전 세계인의 마음을 울렸습니다.

과연 이런 마음이 어떻게 만들어진 것일까요? 그의 모습을 보며 수많은 시행착오를 겪고 살아온 세월이 '겸손'이라는 태도를 만들고, 그것이 생활이 되었을 때 누구나 똑같이 느낄 수 있는 감동을 준다는 사실을 알았습니다. 또한 겸손은 자신감과 동행할 때, 비로소 빛난다는 것도요. 자기 자신을 사랑하지 않고서는 절대로 나올 수 없는 마음이기 때문입니다.

프로답게 능동적으로
움직인다

'고집이 세다'라는 말은 어쩐지 부정적인 느낌이 강합니다. 그와는 다르게 '의지가 강하다'라는 말은 긍정의 느낌으로 다가오는 게 사실입니다. 고집이나 의지 모두 뭔가를 해보겠다는 마음입니다. 고집은 나쁘고 의지는 왜 좋은지가 저에게는 늘 의문이었습니다.

누군가에게 고집불통이라는 말을 들으면 기분이 매우 나쁜데, 사실 살면서 고집불통이라는 말을 안 들어본 사람도 없을 겁니다. 의지가 약하다는 말 역시 살면서 한 번쯤은 들어봤을 말이고요. 고집불통과 의지박약이라는 단어에는 과연 어떤 차이가 있을까요?

고집을 피우는 것도 나쁘고, 의지가 약한 것도 나쁘다면 뭔가 모순이 아닌가 싶습니다. 저는 이 둘의 성격을 가르는 것이 관점이 아닐까 합니다. 고집은 자신의 생각이나 의견을 내세워 굽히지 않기에 주변 사람들을 힘들게 하는 것인 반면에 의지는 뭔가를 실행하려는 적극적인 마음입니다.

하지만 의지 역시 다수의 의견이 수반되어야 할 상황이라면 고집으로 변질될 가능성이 농후합니다. 어쩌면 고집과 의지를 가르는 기준은 타인이 껴 있느냐 아니냐가 아닐까요. 즉 누군가를 불편하게 하느냐 아니냐의 차이 말입니다.

고집이 세다는 말을 들었다 하더라도 그게 오로지 자기 자신을 향한 고집이라면 긍정적인 효과를 가져올 수 있습니다. 자신을 괴롭히는 고집은 뭔가를 이루게 하는 추진력으로 작용할 때가 있기 때문입니다.

가령 합격할 가능성이 낮아서 부모님이나 선생님이 모두 반대하는 대학에 가겠다고 고집을 피운다고 해봅시다. 과연 특정한 대학에 가고자 하는 마음이 잘못된 것일까요? 고집불통은 맞지만 저는 그릇된 행동이라고 생각하지 않습니다. 고집일지는 몰라도 자신의 마음이 진심으로 원하는 것을 하고자 하는 적극적인 마음이기 때문입니다.

자신이 하고 싶은 것, 잘할 수 있는 것은 그 누구보다 본인이 잘 압니다. 물론 오랜 세월을 살아 수많은 시행착오를 겪은 사람들의 조언도 중요하지만, 가당치 않은 고집일지라도 해보고 안 해보고의 차이는 무시할 수 없습니다. 시간이나 경제적인 손실이 있다 하더라도 최소한 자기 자신에게 후회는 없을 것이기 때문입니다.

실패보다는 경험하지 못한 것, 해보고 싶은 것을 못했을 때의 아픔이 더 클 수밖에 없습니다. 뭔가 행하지 않았을 때의 미련은 죽을 때까지 쫓아다닐 테니까요. 남에게 자신의 고집을 막무가내로 밀어붙이는 고집은 분명 민폐가 맞지만, 오직 자신에게 피우는 고집은 결코 나쁘다고만 치부하기 어렵습니다.

저는 연극을 전공했습니다. 남들처럼 배우에 대한 꿈이 있었던 것도 아니고, 뭔가 체계적으로 준비했던 것도 아니었습니다. 고등학교 때 연극 한 편을 보고, 막연히 연극배우가 되고 싶다는 생각을 했을 뿐입니다.

마침 고등학교 3학년 때 같은 반 친구 중에 연극과로 진로를 정한 친구가 있어서 막연했던 저의 생각도 구체화 될 수 있었습니다. 특별히 원했던 학과가 없었고 공부에 취미도 없었기에 제 마음은 이미 굳어져 있었죠.

하지만 선생님과 부모님이 허락하지 않았습니다. 선생님은 '친구 때문에 갑자기 분위기에 휩쓸렸다'라고 생각하셨고, 부모님은 '숫기나 끼도 없는 애가 배우가 되겠다니 불가능한 일'이라며 고개를 절레절레 흔드셨지요.

우여곡절이 많기는 했어도 저는 고집을 꺾지 않고 원하는 대학에 원서를 썼습니다. 선생님과 부모님은 이미 저를 포기한 상태였고, 이윽고 씁쓸한 결과도 찾아왔습니다. 재수, 삼수 모두 고배를 마신 후에야 비로소 제 고집을 꺾고 말았습니다. 시간과 돈을 날렸지만 그 누구도 저를 탓하지 않았습니다. 저 역시 자신에 대해 어떤 원망도 하지 않았습니다.

대학 입학을 하지 못한 채 입대했지만 후회는 없었습니다. 만약 원서도 써보지 못 했다면 평생 동안 미련이 남았을지도 모르기 때문입니다. 비록 실패했더라도 자신의 신념을 지키는 사람은 매력적입니다. 물론 저는 예외지만요. 신념은 결국 결과가 되어줄 겁니다. 남들보다 한참 늦기는 했지만 제가 원하던 학과에 입학한 것처럼 말입니다.

상황에 따라 고집이 센 사람이 될 수도 있고 아닐 수도 있습니다. 고집불통이라는 말은 성격을 대변하기도 하지만 고집을 피운다고 해서 나쁘다고만 할 수는 없습니다. 누구나 자신의 의견을 개진할 자유가 있습니다. 의견을 낸다는 것은 가능성이 희박할지라도 확고한 생각이 있는 겁니다. 그 생각이 서로에게 불협화음을 일으키지 않으면 고집을 피운다고 문제 될 것이 없습니다.

다만 자신의 의견을 말하는 방법에 기술이 필요합니다. 제 주변에는 자신의 고집, 즉 자신만의 의견을 구렁이 담 넘듯이 서서히 관철시키는 사람이 있습니다. 분명 고집이 맞는데 고집처럼 보이지 않을 때가 대부분입니다. 이게 바로 설득의 기술이 아닐까요?

고집이라는 어감이 고집을 더 나쁘게 만드는 것이지 결코 나쁜 행위가 아닙니다. 소위 일을 잘한다는 말을 듣는 사람, 회사 내에서 업무 성과가 매우 뛰어난 사람 역시 한 고집하니까요. 자신에 대한 고집이 간혹 밖으로 빠져나오기도 하지만 결코 나쁘게 보이지 않습니다. 오히려 소신 있고 멋있어 보입니다.

제가 봐왔던 업무 성과가 뛰어난 사람들의 성격은 모두가 달랐지만, 자신의 의견을 피력하고 관철시키는 데 온 힘을 기울였습니다. 상대가 고객이든 동료이든 말입니다. 타인을 다치게 하는 고집만 아니라면 긍정적이라고 말해도 되지 않을까 싶습니다.

프로는 능동적으로 움직입니다. 능동적으로 움직인다는 것은 자기주도적으로 일을 처리한다는 말입니다. 수동적인 움직임은 자신의 머릿속에 생각이 없는 것이고, 능동적으로 움직인다는 것은 그와 반대로 머릿속에 생각이 있다는 겁니다. 자신의 머리에 생각이 가득 들어찬 사람은 그것을 꺼내서 개진할 수밖에 없습니다.

개진은 시도입니다. 그리고 관철은 결과입니다. 시도는 결과를 전제로 할 수밖에 없습니다. 고집이 세다 안 세다는 지극히 주관적인 생각입니다. 업무 성과가 뛰어난 사람들은 자기 자신에게 고집을 피웁니다. 그것이 자신을 움직이게 하는 힘이자 더 매력적인 태도라는 것을 알기 때문입니다.

사소한 것을
사소하게 여기지 않는다

20년 가까이 알고 지내는 회장님이 있습니다. 저는 이분을 통해 진정한 부자의 모습과 삶을 대하는 태도를 보았습니다. 1년에 2~3번 정도 뵈어오면서 느낀 점이 있다면, 회장님은 인사치레로 하는 말은 절대로 하지 않는다는 것입니다. 진심으로 인사를 하면 했지 빈말은 입에 담지도 않습니다. 회장님은 아무리 사소한 약속일지라도 무조건 지키는 분입니다. 저와 만날 때마다 약속시간은 명확했고 늘 약속시간보다 미리 와서 준비를 하셨지요. 회장님에 비하면 저는 그저 젊은 사원일 뿐인데, 회장님을 만날 때면 항상 환대를 받는 느낌이 들었습니다. 부탁드린 서류가 있을 때도 어김없이 완벽하게 준비를 해주셨습니다.

작년 11월쯤 회장님으로부터 전화가 왔습니다. 오랜만에 얼굴도 보고 싶고, 연말이 다가오는데 함께 식사라도 하자 하시면서, 적당한 날을 잡아 다시 연락을 준다고 하셨습니다. 그 후 회장님의 전화가 오기까지 꽤 긴 시간이 흘러야 했지만 저에게는 믿음이 있었습니다. 회장님은 절대로 지키지 못할 약속은 하지 않는 분이라는 믿음이요.

해를 넘기기 며칠 전, 드디어 회장님 집무실에서 만나 담소를 나눈 후, 근처 고깃집에서 식사를 했습니다. 어려운 자리였지만 진심으로 저를 아껴주셨기에 편안하게 식사를 마칠 수 있었습니다. 카페로 자리를 옮겨 이야기를 이어나가는 중에 회장님은 저에게 하얀 편지봉투를 건네주셨습니다. 그 봉투 안에는 전화로 이야기하셨던 용돈이 들어있었습니다. 집으로 가는 지하철 안에서 먹먹함이 가슴을 통해 전해졌습니다.

약속은 책임감과 연결되어 있고, 약속을 안 지킨다는 것은 책임을 저버렸다는 말과 같습니다. 아무리 사소한 약속일지라도 간과해서는 안 되는 이유가 여기에 있습니다. 그것이 신뢰를 갉아먹는 일이니까요.

저는 고객을 만나야 할 일이 생기면 그 무엇보다 약속시간에 신경을 씁니다. 비즈니스를 중시하는 사람일수록 약속 또는 시간에 매우 민감하다는 사실을 알았기 때문이지요. 드러내지는 않지만 이런 사람들은 만나기로 한 시간이 정확히 지켜지는지를 중요하게 생각합니다. 그것을 신뢰의 기준으로 본다고 할까요?

약속을 철저히 지키는 사람들은 행여나 누군가 약속시간에 늦는 순간, 안색이 확 달라질 정도로 차가워집니다. 기대가 무너졌기 때문입니다. 차가 막혔다고 변명을 해도 예외가 없습니다. 막힐 것을 감안해서 더 빨리 출발했어야 한다고 생각할 뿐, 결코 너그러움이 없습니다.

물질이든 마음이든 자신이 원하는 것을 얻기 위해서는 사소해 보이지만 중요한 것부터 엄격하게 지켜야 합니다. 신뢰와 믿음은 사소한 행위가 만들어낸다는 것쯤은 이제 모두가 아는 사실입니다. 감동은 작은 것, 즉 사소할지 모르는 세심한 행동에서 나옵니다.

작은 것을 챙길 수 있는 사람은 당연히 큰 것도 챙길 수 있는 사람입니다. 우리가 누군가에게 감동 받을 때는 생각지도 못했던 세심한 부분을 건드려줄 때입니다. 사소함을 중시하는 사람은 믿음을 중시하는 사람입니다. 믿음은 단번에 만들어지지 않습니다. 사소한 일들이 조금씩 모여 만들어지지요.

사람들에게 인정받는 방법 역시 매우 쉽습니다. 믿음을 주는 직원으로 인식되면 됩니다. 믿음을 주는 방법은 크든 작든 약속을 하고 나면 무슨 일이 있어도 지키는 것입니다. 당연히 약속을 지키기 위해서는 자신이 누구와 무슨 약속을 어떻게 했는지를 명심하고 있어야 하겠지요.

사실 약속이 안 지켜지는 이유는 대부분 자신이 한 약속을 기억하지 못하기 때문입니다. 사소하게 느끼는 것을 그렇지 않게 느끼지 않는 사람이 모두의 마음을 살 수 있습니다. 사소함을 챙길 줄 아는 사람은 그 사소함이 결코 사소하지 않다는 사실을 잘 알고 있으니까요.

Part 2

어딜 가나
환영받는 사람의
관계 법칙 10

초심을 지켜 믿음을 쌓는다

연극을 전공했다는 이유만으로 대학로를 전전한 적이 있습니다. 20대 후반, 연극배우는 아니었지만 별다른 꿈도 없었기에 연극을 보거나 어쩌다 단역이 필요한 공연이 있으면 연극과 동기들과 우르르 몰려가 용돈을 벌었습니다. 물론 그 용돈은 모조리 술값으로 썼지만요.

저는 다행히 제 능력의 한계를 정확히 알고 있었기에 미련 없이 배우의 길을 포기하고 운 좋게 제가 원하는 회사에서 사회생활을 시작할 수 있었습니다. 배우가 되겠다는 꿈은 이미 쥐도 새도 모르게 사라진 뒤였지요.

제가 '초심'이라는 단어를 알게 된 것은 정확히 30살이 되었을 때였습니다. 저의 첫 직장 사장님의 책상 유리 밑에는 '초심을 잃지 말자'라는 문구가 있었습니다.

처음이었지만 그 뜻을 짐작하기가 어렵지는 않았습니다. 이상하게도 살면서 숱하게 들어온 소리처럼 느껴졌으니까요. '초심'이라는 단어는 저의 머릿속에 각인되었고 한동안 그 단어로부터 자유롭지 못했습니다.

아무리 노력을 해도 변할 수밖에 없는 게 사람의 마음입니다. 아마 '초심'이라는 단어는 이런 이유로 만들어졌을 겁니다. 누구나 처음 그대로의 마음을 유지할 수 있다면 이 단어는 세상에 나올 필요가 없었을 테지요.

어쩌면 사람의 마음은 원래 그렇게 만들어진 것일지도 모릅니다. 같은 음식을 줄기차게 먹으면 반드시 물리는 것처럼 사람의 마음 역시 시간이 흐르면 어김없이 퇴색되는 게 맞을지도요.

그렇다면 초심을 잃지 말아야 할 이유는 무엇일까요? 처음 마음먹은 대로 돌아가야 하는 이유 말입니다. 저는 믿음 때문이라고 생각합니다. 초심은 자신에 대한 믿음이며 타인에 대한 믿음이 아닐까 하는 것이지요.

친구든 직장 동료든 가까운 관계가 되었다면 분명 서로

에 대한 믿음이 바탕에 깔리게 됩니다. 그래서 초심을 잃었다는 것은 믿음을 저버렸다는 말과 같습니다. 초심은 일이나 사람을 떠나서 자신과의 약속입니다. 그 약속은 자신에게 이득이 생기는 일보다 누군가에게 좋은 사람이 되겠다는 마음일 때 더욱 빛날 수 있습니다.

오직 일만 생각하는 사람은 성과가 좋을지라도 그 시간이 짧을 수밖에 없지요. 반면에 사람과 일 모두를 똑같이 대할 수 있는 사람은 길게 갈 수밖에 없습니다. 일과 사람 그리고 매사에 초심을 지키는 사람은 자신의 이익을 위해 타인을 아프게 하면서까지 성과를 내지 않습니다. 성과도 중요하지만 그보다 중요한 것이 사람이라는 사실을 알기 때문입니다.

그러므로 초심은 시작이 아니라 결과에 대한 무언의 약속입니다. 친구든 동료든 시작이 좋으면 끝도 좋아야 합니다. 초심의 의미를 일보다 관계에서 찾는 사람은 누구의 마음이든 얻을 수 있지 않을까요. 초심은 타인과의 싸움이 아니라 바로 자기 자신과의 싸움이기 때문입니다. 진정 매력적인 사람은 일과 사람을 모두 살필 수 있는 사람이 아닐까 싶습니다.

부족함을 인정하고 자신감으로 바꾼다

이 세상을 살아가는 데 자신감만큼 꼭 필요한 것도 없습니다. 자신감은 자기 자신을 움직이게 하는 힘이기 때문입니다. 자신감의 부재는 의욕 없는 삶을 이끕니다. 제가 살아온 세월 역시 자신감 유무에 따라 결과는 물론 과정까지 커다란 차이가 있었습니다.

제가 생각하는 자신감은 자기 자신을 이겨내고자 하는 마음입니다. 다시 말하면 자신을 뛰어넘겠다는 생각이지요. 두려움을 떨쳐내고 크든 작든 뭔가를 해내겠다는 강한 마음이 자신감인 것입니다. 마음속 깊은 곳에서 끌어올려져 자신은 물론이고 주위 사람 모두를 이끄는 힘이 자신감입니다.

직접적이든 간접적이든 우리 주변에는 많은 리더가 있습니다. 지금 잠시 그들을 떠올려 보면 공통적으로 떠오르는 이미지가 있지요. 어딘가를 당당하게 활보하는 모습, 그리고 환하게 웃는 얼굴이 바로 그것입니다.

자신감을 가진 사람은 수그리지 않습니다. 자신감은 활짝 핀 꽃과 같으니까요. 태양을 향해 자태를 뽐내고 있는 해바라기의 모습 같다고 할까요?

사람의 마음은 아무리 숨기려 해도 겉으로 드러납니다. 소극적인 마음도 자신감도 말이나 행동을 통해 보여질 수밖에 없습니다. 소극적인 마음은 처진 어깨를 만들지만, 자신감은 그 어깨를 올려주는 힘이 되어줍니다. 자신감은 모든 말과 행동에 활력을 불어넣는 힘이 있습니다. 삶을 영위해 나감에 있어 우선적으로 가져야 할 마음가짐이라 할 수 있지요. 자신감은 정신과 육체 모두를 아우르는 힘입니다.

자신감이 온몸에서 느껴지는 사람은 사소한 움직임 하나만으로도 그렇지 않은 사람과의 차이를 만듭니다. 기름진 토양처럼 자신감이 마음 안에 전반적으로 깔려있기 때문입니다. 다시 말하면, 자신감이라는 밑바탕 안에서 모든 행동과 말이 나온다고 할 수 있습니다. 어떤 말을 내뱉든 어떻게 움직이든, 자신감이라는 옷을 입고 나타나 준다고 말이죠. 비옥한 땅에서 자란 나무는 열매는 물론 잎, 줄기 모두 튼실할 수밖에 없습니다. 자신감 역시 몸과 마음 모두를 튼실하게 만들어주지요.

자신감은 만들어집니다. 내면을 마주하고 끊임없이 질문을 던지면 습관처럼 몸에 익힐 수 있습니다. 노력을 통해 자신의 것으로 가져올 수 있습니다. 하지만 수없이 올라오는 불안과 초조를 이겨내야 하기에 결코 말처럼 쉽지는 않습니다. 노력으로 만들 수 있는 것이 자신감이지만 또 그 노력을 하게끔 만드는 것 역시 자신감입니다. 자신감은 삶의 방향까지 아우른다고 말할 수 있지요.

저는 제가 어떤 삶을 살아왔는지 잘 알고 있습니다. 지금껏 살아온 세월은 제 자존심이 지켜낸 시간이었습니다. 물론 그 시간 역시 자신감 없이 불가능했다는 것을 모르지 않습니다. 그것을 지켜내고자 하는 마음이 바로 자신감이었으니까요. 저는 누구보다 약점이 많았고, 잘난 것보다 못난 것에 익숙한 사람이었습니다. 의기소침한 생활, 기죽은 모습, 저에게는 꽤 자연스러웠습니다. 남들보다 부족하다는 생각은 자신감이 설 자리를 내어주지 않았고, 그러한 세월을 이겨내기까지 많은 시간이 흘러야만 했습니다. 음식점에서 추가 주문 하나 못 시키던 저는 어떻게 자신감을 만들었던 것일까요?

제가 자신감을 찾아야 한다고 생각한 때는 20살 직후였습니다. 엄마가 몸이 편찮으셔서 갑자기 병원에 가야 할 일이 생겼습니다. 어렵게 엄마를 부축하며 큰길까지 나온 저는 좀처럼 잡히지 않는 택시를 보면서 진땀을 빼야만 했습니다. 수많은 차량 속에 간간이 보였던 빈 택시는 무심코 엄마와 제 곁을 지나갔습니다.

저는 "택시!"라고 크게 외치고 싶었고, 외쳐야 했지만 제 입에서는 결코 그 소리가 나오지 않았습니다. 그저 힘없이 허공으로 손을 들었다 내리는 행동만 할 뿐이었습니다. 택시 하나 제대로 못 잡은 그날은 저에게 지울 수 없는 아픔을 남겼습니다. 저는 제 자신을 원망했습니다. 그렇게 태어났다는 사실을 받아들이고 자연스럽게 살아온 사람이었지만 변하고 싶다는 마음이 줄곧 머릿속을 어지럽게 했습니다.

저는 어둠이 깔린 그날 밤, 동네 뒷산에 갔습니다. 아무도 없는 칠흑 같은 어둠 속에서 고개를 쳐들고 "택시!"를 외쳐대기 시작했습니다. 그 소리가 점점 커지고 발음이 또렷해질 때까지 멈추지 않았습니다.

사실 누구나 "택시!"라고 외칠 수 있고 쉽게 택시를 잡을 수 있습니다. 하지만 그 일은 저에게 무척이나 어려운 일이었고 불가능한 일이었습니다. 또 제가 뒷산에서 한 행동 역시 사소한 행동에 불과할지도 모릅니다. 그렇지만 그 사소함이 저를 변화시키고 움직이게 했습니다.

저는 부족함을 채우려 하는 것이 자신감이라고 생각합니다. 자신감은 인위적으로 만들어야 합니다. 마음을 먹든 행동으로 표출하든 말이죠. 자신감은 누구나 억지로 만들 수밖에 없고, 그것이 쌓이고 쌓여 자신감이 몸에 밴 사람이 되는 것입니다.

뒷담화를 즐기지 않는다

가깝게 지낸 직장 동료 A가 있었습니다. 반듯한 얼굴에 용모 역시 단정한 친구였지요. 저와 마찬가지로 술을 좋아해서 자주 술자리를 가졌습니다. 흠잡을 데가 없는 사람이었지만 일에 대한 욕심 때문인지 가끔 다른 동료에 관한 험담을 했습니다.

저는 웬만하면 반박을 잘 하지 않는 편입니다. 그래서 누군가의 험담을 듣는 자리에서도 고개만 끄덕일 때가 많습니다. 이런 행위만으로도 상대방의 기분을 해치지 않을 수 있다는 것을 직장생활을 하며 터득했습니다.

동료 A는 자신의 의견과 대립하거나 마음에 들지 않는

직원 모두를 뒤에서 욕했습니다. 처음에는 잠자코 들어주었지만, 이런 시간이 쌓일수록 저의 불편한 마음도 쌓여갔습니다. 동료 A에 대한 감정이 불신으로 조금씩 변해가는 느낌도 들었습니다. 한두 명이 아니라 거의 대부분의 동료를 욕하는 그의 모습을 보면서 그런 생각을 안 하기가 더욱 어려웠습니다.

칭찬은 양지에서 빠르게 퍼지지만 험담은 음지에서 서서히 퍼지는 법입니다. 동료 A는 저를 좋아해주고 진심으로 대했기에 누군가 동료 A를 욕하면 오해라고 대변을 해주었을망정, 단 한 번도 동료 A를 욕한 적은 없었습니다.

저는 가까운 사람에 대한 험담의 무서움을 누구보다 잘 알고 있었습니다. 나중에서야 알게 된 사실이지만, 그와 저만 모르고 있었을 뿐, 동료 A에 대한 안 좋은 소문이 꽤 돌고 있다는 것을 알게 되었습니다. 직원들은 제가 동료 A와 친하다는 것을 알기에 저에게도 쉬쉬하고 있었던 것입니다.

사실 동료 A는 결코 나쁜 사람이 아니었습니다. 말의 무서움을 몰랐을 뿐, 다른 면에서는 흠잡을 데가 없는 사람이었으니까요. 저를 믿어서 그럴 수도 있다고 생각했지만 어떤 말이든 퍼질 수밖에 없다는 것을 동료 A는 몰랐던 것 같습니다. 이제는 모두 뿔뿔이 흩어졌지만 1년에 한 번, 송년회 자리에서 동료 A가 회자되면 너나 할 것 없이 고개를 절레절레 흔들며 말조차 꺼내지 못하게 합니다.

저 역시 연락이 끊긴 상태여서 안 좋은 소리를 들을 때마다 안타까움을 느끼곤 합니다. 반듯한 얼굴에서 험담이 아니라 믿음을 줄 수 있는 말이 나왔으면 어땠을까 하는 아쉬움 때문입니다.

뒷담화는 자신은 물론 그 얘기를 듣는 상대방도, 또 그 대상이 되는 사람도 다치게 하지만 일상에서 숱하게 벌어지지요. 또 험담의 대상이 자신과 특별하지만 않다면 동참할 수밖에 없습니다. 뒷얘기를 하는 사람들은 너도나도 상대방의 동조를 구하고 싶어하거든요. 하지만 저는 애써 뒷얘기를 하지 않으려 노력합니다.

저도 예전에는 뒷담화를 일삼는 사람들과 별반 다르지 않았습니다. 사실 남을 헐뜯으며 뒷얘기를 할 때는 뭔지 모를 시원함이 느껴집니다. 무언가 답답한 마음이 뚫리는 듯한 느낌이 들지요. 하지만 그 시간은 오로지 내뱉는 순간뿐입니다. 지금 이 글을 쓰면서 곰곰이 생각해 보니, 제가 앞장서서 누군가를 욕했던 경우는 자존심이 크게 훼손되었을 때였습니다. 사실 뒷담화가 나쁜 것이 아니라 이것을 습관처럼 즐기는 것이 더 나쁜 것입니다.

동료든 친구든 자신에게 도움을 준 사람은 절대 욕해서는 안 됩니다. 설령 자신과 마음이 맞지 않는 일이 생겼다 하더라도 곧바로 돌변해서는 안 되지요. 말이 무서운 이유는 쉽기 때문입니다. 말하기가 쉬운 만큼, 실수하지 않도록 자신이 내뱉는 말에 신경을 써야 합니다.

자신의 입에서 흘러나오는 말을 통제할 수 있어야 하고, 입이 간질간질해서 미치겠더라도 참아낼 힘을 길러야 하는 것이지요. 말의 무서움을 아는 사람은 말을 아낍니다. 할 말이 없는 게 아니라 쉽게 내뱉지 않는 것이지요. 말을 아낀다는 표현보다 더 적절한 말은 없는 것 같습니다.

부정적인 말을 하고 싶을 때, 한 번 더 생각해 보는 연습이 화를 면하게 할 것입니다.

처음과 끝을 한결같이 한다

제 중학교 생활을 떠올려 보면 순탄했지만, 다른 의미에서는 결코 순탄하지만은 않았던 것 같습니다. 새 학년이 되면 제 주위에는 언제나 저와 친해지려는 친구들이 가득했습니다. 새롭게 만나게 된 친구들은 너나 할 것 없이 저에게 관심을 보였지요. 그 이유는 제 얼굴이 공부를 잘하게 생겼기 때문이었습니다.

새 학년이 되면 서로를 잘 모르기에 먼저 말을 걸어오는 일이 많지가 않지만 저의 경우는 달랐습니다. 쉬는 시간이든 청소시간이든 저에게 말을 거는 친구들이 많았지요. 하지만 그 기간은 매우 짧았습니다. 중간고사 성적이 발표되고 나면 다들 저를 무시했거든요. 오로지 제 성적 때문에 벌어진 일이었습니다. 그럴 때마다 자존심이 뭉개지기는 했어도 늘상 있는 일이라 개의치 않았습니다. 개중에는 처음과 똑같이 대해주었던 친구도 있었고요.

시간이 가고 관계가 지속될수록 조금씩 변해가는 게 마음입니다. 그 변화가 좋은 쪽으로 흐를지, 반대가 될지는 겪어봐야 알 수 있습니다. 첫인상이 좋다고 해서 끝까지 좋은 법도 없고, 첫인상이 나쁘다고 해서 끝까지 안 좋은 법도 없습니다. 하지만 저는 어떤 만남이든 의무감을 가져야 한다고 생각합니다. 시작이 좋았다면 당연히 끝도 좋아야 한다는 말입니다. 시간이 흘러 새로움과 설렘은 없어지더라도 애써 관계를 돈독히 할 필요가 있습니다.

사회생활을 오래 하다 보니 "한결같다"라는 칭찬을 종종 듣곤 합니다. 제 성향이 유독 한결같지 않은 사람에 민감한 편이라서 그런 듯합니다. 아무래도 살아오는 동안 처음만 좋은 사람을 자주 만나왔기 때문인 것 같습니다. 게다가 저의 까칠한 성격도 한몫 거들었다는 사실에 전적으로 동의합니다. 그러나 누군가에게 저도 한결같지 않은 사람으로 기억될 수도 있다는 가능성을 늘 상기하며 삽니다. 저의 부족함을 채우려고 애를 쓰는 편입니다. 최소한 더 많은 이들에게 한결같은 모습으로 비춰지기를 바라면서 말입니다.

저는 한결같은 사람이 얼마나 대단한 사람인지를 알고 있습니다. 어느 정도 나이를 먹고 세상에 대해 조금씩 알아갈 때 즈음, 상처를 통해 알게 되었습니다. 처음과 끝이 똑같은 사람은 곁에 있는 사람을 자기 자신처럼 대해주는 사람입니다. 상처 줄 수 있는 말은 지양하고 상대방을 배려해주는 사람이지요. 말뿐인 친절이 아니라 표정만으로도 느낄 수 있는 따스함을 품고서 말입니다.

묵묵히 자기만족을 위해 일한다

말을 잘하는 것과 말이 많은 것은 엄연히 다릅니다. 물론 말 많은 사람이 말을 잘하기도 합니다. 그러나 제가 경험해본 바로는 진정 말을 잘하는 사람은 결코 말이 많지 않습니다. 그렇다고 진지한 말만 일삼지도 않습니다. 물론 각자가 지닌 성격에 따라 결정되리라는 사실에 이견은 없습니다. 말이 많고 아니고는 분명 성격의 문제일 테니까요.

그러나 어디서든 맡은 바 묵묵히 일하는 사람이 매력적이라는 데는 다들 동의하실 겁니다. 그들은 보통 자신의 만족을 위해 일하기 때문입니다. 목표가 있더라도 회사가 아니라 자신이 우선일 테니까요. 그들은 자신의 만족이 결국 회사의 만족이라는 것을 알고 있습니다. 제가 그동안 봐온 능력자들은 결코 지나치지 않았습니다. 외향적인 성격이든 내향적인 성격이든 그것과 상관없이 과하지 않았어요. 적당한 선과 거리가 어디까지인지를 알고 있었지요.

자기관리가 아닐까 하고 생각해 보았지만, 관리만으로 자신의 성격을 조절하고 통제하기란 무리가 있어 보였습니다. 분명히 어떤 특별한 경험이 기질로 만들어진 듯했습니다.

나이가 들어서 그런지 몰라도 예전과 달리, 재미있는 사람보다 진지한 사람에게 끌립니다. 성숙하지 못했을 때는 과묵한 사람에게 관심조차 두지 않았지만 이제는 정반대가 되었습니다. 뛰어난 화술이 오히려 불편해졌달까요.

끊임없이 입을 움직이는 사람 옆에 있으면 얼굴이 찌푸려지고, 그 자리를 뜨고 싶은 마음뿐입니다. 제 성격이 변한 탓도 있지만 부러워할 성질이 아니라는 것을 어느 순간 알았기 때문이기도 합니다.

사실 저는 수줍음도 많고 말도 나서서 하는 스타일이 아닌 사람이기에 더더욱 그들을 부러워했습니다. 하지만 오랜 시간 닮고자 했던 제 마음은 온데간데없고, 오로지 조용하게 다가오는 진심만을 바라게 되었습니다. 이제는 화술보다 침묵에 관심이 더 많습니다. 사실 지금 쓰는 글도 과묵한 사람에 관한 이야기를 하고 싶어서입니다.

지금까지 살아오면서 관계를 맺었던 사람들을 떠올려 보면, 자신의 말보다 타인의 말을 중시했던 사람들에 대한 기억이 더 좋게 남아있습니다. 속마음까지는 모른다 하더라도 겉으로 드러나는 그들의 모습은 진지했고, 서로 오가는 말이 없을지라도 편안함이 있었습니다.

저는 어려서부터 말이 많으면 가볍다는 소리를 듣고 자랐지만, 이 말의 의미를 어른이 돼서야 비로소 깨달았습니다. 어쨌든 세상에는 시간이 흘러야만 알게 되는 것들이 따로 있는 것 같습니다.

말이 많은 사람이 가볍게 보이는 이유는 매우 단순합니다. 말 그대로 말이 많기 때문입니다. 말이 많다는 것은 그만큼 자신의 마음을 쉽게 드러내 보인다는 뜻입니다. 속마음을 속이고 얘기한다 해도 말이 많아지면 무심결에 튀어나올 수밖에 없습니다. 또 자기 기분에 취해 실수를 저지를 가능성도 높습니다.

'내가 오늘 말이 좀 많지 않았나?' 하고 후회한 경험이 있을 것입니다. 왜 그런 후회를 하게 되는 걸까요? '본의 아니게 자신의 마음을 많이 내비쳐서, 혹시나 가벼워 보이지 않았을까?' 하는 걱정 때문입니다.

한 유명 개그맨의 인터뷰가 생각납니다. 질문은 "개그맨이란 어떤 직업입니까?"라는 것이었는데, 그의 답변이 아주 인상적이었습니다. 그는 아주 짧게 "남들이 우습게 보는 직업입니다"라고 대답했지요.

저는 함축적인 그의 말에 적잖이 놀랐습니다. 직업의 특성상 어쩔 수 없이 웃기려고 말을 많이 했더니, 사람들이 진짜로 자신을 우습게 보더라는 그의 마음이 고스란히 전해졌기 때문입니다. 쓸쓸함을 품은 답변이었지만 꽤 위트가 있는 답변이기도 했습니다. 벌써 30년의 세월이 흘렀지만 지금도 그의 대답은 저에게 경각심을 갖게 합니다.

제 선입견인지는 몰라도 말을 아낄 줄 아는 사람은 대부분 말보다 행동이 앞섭니다. 장황하게 자신의 성과를 자랑하기 전에 벌써 몸이 움직이고 있지요. 말보다 행동으로 쥐도 새도 모르게 조용히 성과를 올립니다.

동네방네 여기저기 시끄럽게 떠들며 올리는 성과가 아니라 소리 없이 올라오는 성과입니다. 남들의 시선보다 오로지 자신의 마음을 의식한 결과입니다. 누군가 알아주는 것도 좋지만 그보다 자신을 만족시키는 것이 우선인 것이지요.

저는 이런 사람들을 보면서 한없이 부끄러웠습니다. 그래서 그들을 닮아보고자 이렇게 침묵과 묵묵함에 관한 이야기를 쓰고 있는지도 모르겠습니다.

RULE 06
사소한 장점까지 찾아내 칭찬한다

2019년 기준으로 전 세계 인구가 7,750,605,048명이라고 합니다. 이 중에 쌍둥이는 물론이고 똑같은 얼굴을 가진 사람은 없습니다. 어마어마한 인구지만 단 한 명도 같은 얼굴이 없다는 게 더욱더 놀랍습니다. 결코 크다고 할 수 없는 한정된 공간에 눈, 코, 입 등등 모두 다르게 그려 넣을 수 있다는 게 새삼 신기하게 느껴집니다.

사실 사람의 성격이 각양각색이라고 하지만 생김새만큼 다양하지는 않습니다. 사회생활을 하면서 이 사람 저 사람 수없이 겪어보니 대부분 성격이 고만고만하더군요. 얼굴에 비해 성격이 다양하지 못한 이유는 인간을 창조한 신의 치밀한 계산 때문일지도 모른다는 엉뚱한 생각을 해봅니다.

신이 생김새만큼 다양한 성격을 만들지 않고 비슷비슷한 성격을 만든 것은 관계를 만들고 서로 협력해 살아가게 하고자 하는 의도가 아니었을까요? 이 세상에 77억 개의 전혀 다른 성격이 존재했다면, 과연 사회를 구성하고 그 구성원 각자가 서로를 도우며 살 수 있었을까요? 아마도 불가능했을 것입니다.

아무리 마음이 잘 맞는 사람을 만났을지라도 100% 마음이 맞을 수는 없습니다. 가족이든 가까운 친구든 100% 마음에 맞지 않을 수 있다는 여지를 남겨서 상대방을 거울삼아 자신의 현실을 보게 하기 위함이 아닐까요.

성격이 안 맞는 사람과는 금세 삐걱거립니다. 하지만 그 반대의 경우는 꽤 오래 관계를 유지합니다. 이 두 부류의 사람은 다른 의미에서 모두 자신을 돌아보게 해줍니다. 관계는 유지하기 힘들지만 성격이 안 맞는다고 해서 나쁘다고만 치부할 수 없고, 성격이 잘 맞는다고 해서 이런 사람들만 필요한 것도 아닙니다. 모두 존재의 이유가 있습니다.

인연이 20살 때까지만 닿았던 친구가 있었습니다. 그의 이름은 이성희였습니다. 우리는 1980년대 한참 유행했던 헤비메탈 때문에 아주 가깝게 지냈습니다. 중학교 동창이었지만 고등학교 배정을 다르게 받아서 고등학교에 간 이후에는 자주 만나기가 어려웠습니다.

눈에서 멀어지면 마음에서 멀어진다는 말처럼 물리적인 거리가 마음의 거리를 만들었습니다. 그는 말이 많지도 적지도 않은 평범한 친구였고, 저와 비슷하게 숫기도 별로 없지만 따뜻한 마음을 가진 친구였습니다. 입에서 나오는 말에도 깊이가 있었지요.

성희와는 크리스마스이브 때마다 만났습니다. 우리는 종로 바닥을 쏘다니가 근사한 레스토랑에 들어가서 신분을 숨긴 채, 함박스테이크 정식과 생맥주를 시켰습니다. 그리고 몰래 건배를 했었지요.

중학교 시절 어느 날, 둘이서 길을 걷고 있었습니다. 우리 앞에 한 어린아이가 즉석 카레 하나를 손에 쥐고 어디론가 가는 모습이 보였습니다. 그 순간 제 머릿속에는 '저 아이는 카레를 좋아하는 걸까? 아니면 엄마가 바쁘니 카레를 직접 사다 먹으라고 했을까?' 하는 두 가지 생각이 동시에 들었습니다.

뒤이어 성희에게 제 머릿속에 떠오른 생각을 말했고 "저

아이는 분명 엄마가 없어서 어쩔 수 없이 한 끼를 때우기 위해 카레를 사 가는 것"이라고 덧붙였지요.

친구가 대뜸 그렇게 생각하는 이유가 뭐냐고 묻더군요. 그래서 제가 대답했습니다. "사람이면 누구나 부정적인 생각이 앞서는 게 사실이고, 저 아이의 모습을 보면서 긍정적인 생각을 할 사람은 없다"라고 함부로 단언했습니다. 제 대답을 들은 성희는 제 얼굴을 쳐다보면서 말했습니다.

"참, 너는 대단히 철학적이야."

저는 그날부터 철학적인 학생으로 자랐습니다. 생각도 아주 많아졌고요. 저는 항상 주변인이었지만, 간혹 저를 주인공으로 만들어주었던 성희와 같은 사람들이 있었습니다. 그들은 자신의 가슴속 따뜻한 마음을 고스란히 전해준 사람들입니다. 친구에게서 '철학'이라는 말을 듣고부터 그제야 부끄러운 사람이 되지 않기 위해 노력했습니다. 그래서 지금까지 이렇게 글을 쓰고 있는지도 모르겠습니다.

성희처럼 저와 마음이 맞았던 사람들은 항상 저를 소중히 대해주었습니다. 부족한 저를 한없이 높여주었다고 할까요? 상대방을 띄워주고 높여줄 수 있는 사람은 상대의 사소한 부분까지 애써 찾아내 얘기해 줍니다. 그들은 아주 평범한 것도 대단하고 좋은 것처럼 상대에게 전달하는 능력이 있는 것 같습니다. 그들이 저에게 베푼 행동은 일상적인 것이었습니다. 그러한 행동이 바로 자신이었고 어떤 이득이나 이익을 위해 행한 것이 아니었습니다.

저는 두 종류의 사람이 있다고 생각합니다. 아주 사소한 것일지라도 그것을 칭찬할 줄 아는 사람과 그것을 비웃는 사람 말입니다. 제가 이토록 오래된 친구의 사소한 말을 기억하는 이유는 무엇일까요? 철학적이라는 말을 들은 건 그때가 처음이자 마지막이었거든요.

누구는 아주 사소하다고 말할지 모르지만 저에게는 친구의 말이 바로 변화의 시작이었습니다. 저는 분명 그 사소한 한마디에 용기를 얻었으니까요.

안부 전화를 중시한다

세상이 점점 각박하게 돌아가고 있다는 생각을 합니다. 예전과 달리 정이나 따뜻함을 구경하기 힘들어 보입니다. 비단 저만의 생각일까요? 사실 인간적인 정은 고사하고 냉정한 사회가 되어버렸죠. 철저히 자신의 이익만 우선시하는 사람들이 점점 더 늘어가니까요.

하지만 다행히도 이러한 환경 속에서 빛나는 사람이 있습니다. 먼저 생각하고 먼저 챙기려는 마음을 가진 사람입니다. 관계를 맺고 생활을 하다 보면 오랜만에 전화로 안부를 물어오는 사람이 있습니다. 안부 전화를 받을 때면, 오랜 시간 연락하지 못했음에 미안함과 고마움이 동시에 올라옵니다. 누구보다 앞서 안부를 물어오는 사람은 믿음직스러워 보입니다. 조건 없이 편안하고 잘 지냈으면 하는 마음에서 안부를 묻는 것이니까요.

어쩌다 한 번일지라도 애써 안부를 묻는 사람은 괜찮은 사람이 많았습니다. 따뜻한 사람이 대부분이었으니까요. 그런 사람에게 관심을 받고 있다는 것은 꽤 기분 좋은 일이었죠. 그들은 안부를 묻는다고 해서 당장 직접적인 이익이 생기는 것도 아닌데, 안 해도 그만 해도 그만인 안부 인사를 성실히 했으니까요.

관계를 유지하는 데 있어서 안부 전화만큼 좋은 것은 없을 겁니다. 미비할지는 몰라도 서로 연결고리가 되어줍니다. 안부 전화를 해보면, 열이면 열 모두가 반갑게 맞이해주죠. 통화하는 내내 웃음도 끊이질 않습니다.

자신을 기억하고 관심을 주었다는 것에 감동하지 않을 사람이 있을까요? 사소할지는 몰라도 사람을 챙길 줄 아는 따뜻한 마음을 가진 사람이 안부를 묻는다고 할 수 있습니다. 그는 인연을 지키고 돈독히 하려고 애써 시간을 낸 겁니다.

누구나 먼저 안부를 묻는 전화 한 통으로도 충분히 매력적인 사람이 될 수 있습니다. 그 행위 자체가 매력적인 사람에게서 자주 볼 수 있는 행동이기 때문이죠. 조건 없이 행하는 것이라 더 도드라집니다. 안부를 묻는 일은 어떤 목적 없이 순수해야 합니다. 그게 바로 안부인사의 성질이니까요.

안부 전화는 쉬워 보이지만 귀찮은 일이기도 합니다. 그래서 안부 전화를 할 수 있는 사람이 특별해 보입니다. 사실 저 역시 잘하지는 못합니다. 다만 최소한의 도리는 지키려고 애쓰는 편이죠.

간혹 저도 어떤 고객에게 전화를 드려야 하지 않을까 하는 생각에 귀찮음을 무릅쓰고 수화기를 들 때가 있습니다. 의무감 비슷한 것을 가지고 행한 일이지만 의외로 놀랄 때가 많습니다. 저의 짧은 전화 한 통에 대부분 고객이 커다란 고마움을 느끼기 때문이죠. 그로 인해 저의 이미지가 한 단계 올라가는 것은 당연하고요. 저에 대한 신뢰감마저 덩달아 상승하는 느낌입니다.

안부 전화를 하는 사람도, 또 안부 전화를 받는 사람도 똑같이 기분이 좋습니다. 안부를 묻는 일은 자신의 마음이 평온할 때만 행할 수 있기 때문입니다. 기분이 안 좋거나 마음이 불편하면 절대로 할 수 없는 일이죠. 그래서 좋은 마음이 상대방에게 고스란히 전해지는 겁니다. 여운도 길게 남기에 좋은 기억으로 자리 잡을 수밖에 없죠.

누군가에게 뜻밖의 안부 전화를 받았을 때를 떠올려 보세요. 입가에 미소가 번지지 않나요? 누군가의 안부를 묻는 일은 결코 사소하지 않습니다. 자신의 안부를 물어오는 사람을 마다할 사람은 이 세상에 없을 테니까요.

고객이든 아니든 자신의 이미지를 끌어올리는 방법은 생각보다 멀리 있지 않습니다. 많은 사람들이 놓치고 소홀히 하는 것을 행하면 되니까요.

고객은 물론 자신의 인맥을 좋은 관계로 계속 유지하고 싶다면 마음에서 우러나오는 안부인사를 해보세요. 그것이 큰 힘을 발휘할 겁니다. 대부분 특별하다고 생각하지 않기에 더 특별하게 보일지도 모르고요.

시간이 지나면 어쩔 수 없이 관계는 소홀해집니다. 하지만 관계를 소중히 여기는 사람은 역으로 소홀해질 수밖에 없는 마음을 이용하죠. 그것 또한 사람의 마음을 뺏는 법이라는 것을 알고 있으니까요.

자신의 마음부터 알려고 한다

고대 철학자 소크라테스가 인용해서 더 유명해진 말 "너 자신을 알라"라는 문구는 원래 델포이 신전으로 이르는 길에 세워진 기둥에 쓰여 있던 말이라고 합니다.

제가 이 말을 접했을 때가 초등학교 고학년 즈음이었던 것 같습니다. 만화책에서 본 것 같기도 하고, 동네 형들과 삼삼오오 모여있을 때, 누군가가 우스꽝스러운 목소리로 한 말이었던 것 같기도 합니다.

저는 이 말을 처음 들었을 때, 상당히 멋지다고 생각했습니다. 어렸지만 그 당시 제 머릿속에는 '잘난 척하지 말라'라는 의미로 다가왔습니다. '네 분수도 모르면서 그만 나대라' 정도로 받아들였다고 할까요?

자기 자신을 알라는 말은 자신의 부족함에 대해서 인지하라는 의미입니다. 소크라테스는 자신의 장점을 '아무것도 모른다는 것을 잘 알고 있다는 것'이라 생각했습니다. 그의 겸손한 마음을 엿볼 수 있는 대목입니다.

저처럼 평범한 사람은 그의 말대로 자신의 약점을 제대로 알고 있는 게 꽤 중요합니다. 자신의 부족함을 아는 사람만이 겸손할 수 있고, 겸손한 사람만큼 매력적인 사람도 없으니까요. 한편으론 현실적인 이유도 있습니다. 자신의 능력을 등한시한 채, 무조건 덤비면 상실감은 물론이고 시간마저 허비하게 되니까요. 가당치도 않은 도전은 오기일 뿐입니다. 실패나 실수를 최소화하기 위해서도 자신을 알아야 합니다.

그렇다면 자기 자신을 알려면 어떻게 해야 할까요? 자신을 알기 위해서는 끊임없는 질문과 답이 필요합니다. 자신의 마음이더라도 정확히 알기가 참 어렵습니다. 살면서 선택의 순간에 머뭇거리며 시간을 허비해본 경험이 있을 것입니다. 식사 메뉴를 고를 때 갈팡질팡하다가 옆 사람이 시킨 음식이 더 맛있어 보여서 자신의 선택을 후회하며 식사를 망칠 때도 있습니다. 이처럼 마음을 알기는 어렵습니다.

하지만 이렇게 생각하면 쉽습니다. 마음을 아는 일은 자신의 단점이나 장점을 파악하는 일이라고요. 마음을 안다는 말은 거창하지 않습니다. 자신이 할 수 있는 것, 하고 싶은 것을 냉정하게 알고 있는 상태라 할 수 있습니다.

자기 자신에 대해 잘 알고 있는 사람은 자신이 취해야 할 것과 아닌 것을 구분할 수가 있습니다. 그리고 자신의 행동에 책임을 집니다. 말이 행동으로 나오고, 당연히 말보다 행동이 앞서는 사람들입니다. 사실 말과 행동이 일치하기는 쉽지 않습니다. 매 순간 자신의 말과 행동을 의식적으로 바라보는 행위가 없이는 절대로 불가능한 일입니다.

자기 자신을 아는 일은 끊임없이 자신을 살피는 일입니다. 완벽하지 않은 자신이 실수하지 않도록 조금 더 노력을 기울이는 일이라고 할 수 있습니다. 자신의 부족함을 인정하고 그것을 채워가는 사람이야말로 매력적인 사람이 아닐까요?

서두르지 않고 쉬지도 않고

바지춤 주머니에는 달랑 50원짜리 동전 하나뿐이었다. 엄마의 얼굴이 아른거렸다. 나는 동전을 만지작거리며 하늘을 올려다보았다. 돈을 구해야 했다. 공병은 이미 다 갖다 팔았고, 있으나 마나 한 돼지저금통은 진작에 배를 갈라 돈을 만들 방법이 좀처럼 없었다.

할머니와 삼촌이 떠오르긴 했지만, 현실 가능성이 없어 보였다. 삼촌은 변변한 직업도 없이 막노동판을 전전했고, 할머니 또한 100원을 얻어 내려면 엄청난 빗자루 세례를 감수해야만 했다. 돈은커녕 본전도 못 찾을 것은 당연했다. 일요일이라 수선집 심부름도 없었다.

오락할 돈이 필요하거나 배가 고플 때면 수선집 길목에서 햇볕을 쬐고 앉아 구슬이나 딱지를 가지고 놀았다. 한참을 놀다 보면 높게 올라있는 창문이 열리며 나를 부르는 소리가 났다. 어두 컴컴한 좁은 계단을 단숨에 올라 낡은 합판 문을 열면 방 안 가득 쌓인 옷더미와 쾌쾌한 석유 냄새가 나를 반겼다.

산처럼 높은 형형색색 보따리에 둘러싸인 공간 한가운데, 빠르게 도는 재봉틀 위에는 갖가지 옷자락이 요란을 떨고 있었다. 풍금을 치듯 아줌마들의 움직임은 부드러운 반면 기계에 매달린 뾰족한 바늘은 연신 옷을 찔러댔다. 빠른 속도로 쉴새 없이 움직이는 바늘을 볼 때면, 간혹 손가락을 넣어보고 싶다는 충동이 일기도 했다. 물론 그런 일은 일어나지 않았다.

살집 넉넉한 아줌마의 지시를 받은 나는 곧바로 이문시장으로 내달렸다. 두세 번 우리 동네에서 이문시장까지 완성된 옷을 갖다 주면 적게는 100원, 많게는 200원까지 벌 수 있었다. 용돈이 박한 나에게 중요한 수입원이었다. 평일은 그렇게라도 돈을 구할 수 있었지만, 오늘은 일요일이라 수선집이 조용했다.

주소와 전화번호도 몰랐지만 내 마음은 엄마를 보러 가야겠다고 굳어 가고 있었다. 서대문 어딘가였고, 한 번 가보았으니 근처까지만 간다면 쉽게 찾을 거라고 생각했다. 나는 동전을 움켜쥐었다.

조금 전과 달리 두 다리가 무거웠다. 윗동네로 이어지는 주름진 콘크리트 언덕길 초입에 다다르자 더 이상 발걸음이 떨어지지 않았다. 하루에도 여러 번, 늘 다니던 길이었지만 그 길이 낯설고 멀게 느껴졌다. 기약이 없을지라도 이대로 포기하기엔 뭔가 마음이 찜찜했다.

나는 천천히 발걸음을 옮겼다. 내 등 뒤로 우리 집이 점점 멀어지고 있었다. 검은색 제비 한 마리가 지면에 닿을 듯 말 듯 나보다 앞서 빠르게 날아갔다. 고개를 넘어 얼마 못 가서 내 두 눈이 오른쪽 후미진 곳에 고정되었다. 뭔가에 끌린 듯 내 눈동자가 그곳을 바라보고 있었다. 커다란 돌덩이가 쌓여있는 그곳, 거짓말처럼 500원짜리 지폐 한 장이 떨어져 있었다. 나는 내 두 눈을 의심했다. 내 머리카락이 쭈뼛 섰다. 심장이 쉴 새 없이 요동쳤다. 나는 천천히 고개를 돌려 주위를 살폈다. 다행히 아무도 안 보였다. 불안했지만 허리를 숙였다. 내 시선은 다른 곳을 향해 있었지만 내 오른손은 정확히 500원짜리를 집어냈다.

돈을 움켜쥐는 순간, 시간이 멈춰 버린 듯 아무 소리도 들리지 않았다. 사방이 어두웠다. 내 작은 몸뚱이를 중심으로 회색빛 어둠이 나를 감쌌다. 귓속에서 전기 소리와 같은 고음이 들려왔다. 얼굴은 뜨거워지고 심장이 터질 것처럼 쿵쾅 댔다. 내 두 다리가 내리막길을 향해 빠르게 움직였다. 목덜미에서 뻐근함이 느껴졌다. 뒤에서 누군가 쫓아 오고 있는 것 같았다. 잡혀갈 수도 있다는 생각이 들었다.

내 몸이 속도를 못 이기고 휘청댔다. 하지만 내 두 다리는 아랑곳 하지 않았다. 수많은 생각이 머릿속을 떠돌았다. 무서웠지만 동네에서 멀어질수록 안정을 찾을 수 있었다. 이 돈의 주인은 어디에도 없었다. 파출소에 갖다 주고 칭찬받을 생각은 없었다. 겁이 났지만 들키지만 않는다면 엄마를 찾아가는 데 보태고 싶었다.

정신없이 달려 도착한 곳은 동네를 많이 벗어난 큰 찻길이었다. 나를 쫓아 온 사람은 없었다. 아직까지 불안감이 가시지 않았지만 가져도 될 것 같다는 생각이 들었다. 나는 버스 정류장으로 가서 시내로 가는 버스에 무작정 올랐다. 버스는 시끄러운 엔진 소리를 내며 뚫린 도로를 거침없이 달렸다.

나는 창문을 열었다. 창문이 열리자 세찬 바람이 얼굴에 부딪혔다. 내 얼굴을 강하게 때리는 바람과 함께 불안감도 조금씩 날아갔다. 엄마의 얼굴이 떠올랐다. 내가 아는 곳은 서대문뿐이었다. 자신은 없었지만 엄마를 만날 수도 있겠다는 생각이 들었다.

서대문 큰 도로에 다다라서, 지난번 엄마에게 왔었을 때 형과 함께 갔었던 오락실을 발견했다. 여기서 어느 좁은 골목으로 들어가면 엄마가 사는 집이었다. 멀지 않은 곳에 엄마가 있다고 생각을 하니 발걸음이 한결 가벼웠다.

나는 이 골목 저 골목을 기웃거리며 엄마의 집을 찾아보았다. 기억을 되살려 걷고 또 걸었지만 엄마의 집은 보이지 않았다. 나는 할 수 없이 큰길로 다시 나왔다. 아직 날이 밝았지만 불안감이 몰려오기 시작했다. 계속 걷기만 하면서 시간을 죽일 수는 없었다. 다른 방법을 찾아야 했다. 앞에 파출소가 보였다. 새시 문을 천천히 밀고 파출소에 들어서자마자, 문은 삐걱거리는 소리를 내며 빠르게 닫혔다. 그 소리가 창피함을 무릅쓰고 들어 온 나를 다시 밖으로 밀쳐낼 것같았다.

파출소 안은 무거운 정적이 흐르고 있었다. 내 눈이 어떤 순경 아저씨와 마주쳤다. 나는 용기를 내서 서대문에 살고 있는 엄마를 찾아 왔으며 엄마와 아빠는 이혼을 했고 나는 이문동에 사는데 하면서 안 해도 될 소리까지 말하고 말았다. 순경 아저씨가 나를 바라보며 두서없이 흘러나오는 내 이야기를 참을성 있게 들어주었다. 얼마간 얘기가 오고 간 후, 아저씨가 어딘가로 전화를 하고는 조금만 있으면 엄마가 올 거라고 말해 주었다.

나는 엄마를 만날 수 있다는 생각에 금세 자리가 편해졌다. 얼마간의 시간이 흐른 후 엄마가 수줍게 파출소 문을 열고 들어섰다. 그 모습이 안쓰러웠다. 엄마는 허리 굽혀 연신 인사를 하고는 내 손을 잡고 파출소를 빠져나왔다. 어디론가 걸어가는 내내 엄마와 나는 별다른 말이 없었다. 오고 가는 차량들 소음에 묻혀서인지 불편함은 없었다. 엄마는 나를 중국집으로 데리고 갔다. 그리고 자장면을 한 그릇을 시켰다.

잠시 후 자장면이 낡은 나무 테이블에 올려지자 엄마가 코를 훌쩍거렸다. 그 소리가 나를 고개 숙이게 했다. 분홍색 가재 수건이 계속해서 엄마의 코와 눈 사이를 왔다 갔다 했다. 나는 말 없이 자장면을 입에 넣었다. 잠시 후 내 두 뺨에도 눈물이 흘렀다. 나는 표나지 않게 조금 더 고개를 숙였다.

엄마가 엽차를 내 쪽으로 밀었다. 엄마와 나의 눈이 마주쳤다. 엄마의 얼굴이 일그러져 보였다. 눈시울이 뜨거웠다. 나도 모르게 벌어지려는 입을 침을 삼키며 닫았다. 엄마의 코가 빨갛게 달아올라 있었다. 중국집을 나와 엄마의 손을 잡고 여기저기를 거닐었다. 엄마가 사준 자장면이 맛있었다.

—「별」 중에서

누구나 그렇듯 제가 살아온 삶 역시 도전의 연속이었습니다. 원하는 것을 얻기 위해서 반드시 그 대가를 치러야만 했지요. 저에게는 특별한 소설이 있습니다. 소설의 제목은 '별'입니다. 사실 소설이라고 부르기에 한없이 부끄러움이 앞섭니다. 10년이나 지난 소설이지만 공모전에서 여러 번 고배를 마셔 아직까지 세상의 빛을 구경하지는 못했습니다.

앞으로도 빛을 본다는 보장은 없지만 애틋한 마음을 감출 수 없는 게 사실입니다. 저에게 처음으로 '꿈'이라는 것을 안겨준 글이었기 때문입니다. 책장 한편에 단정하게 제본된 소설을 우연히 보게 될 때면, 제 시선은 뭔가에 놀란 사람처럼 고정됩니다. 인지하지 못했던 또 다른 마음이 소설을 애잔하게 기억하고 있을지도 모르겠습니다. 소설은 저의 꿈이기도 했지만 좌절이기도 했습니다.

저는 소설을 모두 완성하고 작가가 되기 위해 직장을 나왔습니다. 하지만 무모함의 결과는 비참함이 되어 제 가슴에 꽂혔지요. 재능도 없으면서 겁도 없이 뛰어들었습니다. 저만 모르고 있었을 뿐이지 이미 결과는 나와 있던 것이나 다름이 없었습니다.

이 세상에 거저 주어지는 것은 없는 듯했습니다. 하나를 얻으려면 셋을 내줘야 했던 게 제가 지나온 세상이었습니다. 하지만 슬프게도 하나를 얻는다고 해서 뭔가 보장되는 것도 아니었습니다. 그 하나는 잠시나마 숨통을 틔워줬을 뿐, 그 이상도 이하도 아니었지요. 시간이 흐르면 또다시 시험대에 서야만 했고, 불투명한 앞날을 위해 또 다른 결과를 만들어야 했습니다.

실패의 아픔도 성공의 기쁨도 누군가 대신 경험해주지 못합니다. 제 아픔은 남들보다 더 아플 것이고, 제 기쁨 역시 제가 가장 크게 느낄 테지요. 도심이든 한강이든 홀로 자전거를 타고 어디론가 사라지는 사람을 보면 왠지 쓸쓸하다는 생각이 듭니다. 특히나 어스름 어둠이 내린 해질녘에 보이는 모습은 더 애틋하게 다가옵니다.

언제부터인가 제가 살아온 삶이 자전거 타기와 비슷하다는 생각이 들었습니다. 유유자적 평지를 지나는 순간은 순탄한 생활처럼 보였고, 아무리 노력해도 나아지지 않는 고단한 세월은 온 힘을 다해 땀이 나도록 페달을 돌려야 하는 언덕길처럼 느껴졌습니다. 또 바람을 가르며 쏜살같이 내리막을 질주하는 시간은 근심 걱정 없었던 생활과 닮아 보였지요.

이유도 모른 채 어느 날 갑자기 올라타게 된 자전거에서 눈감을 때까지 내려오지 못할지도 모른다는 생각이 들었습니다. 사실 제 자전거를 대신 타줄 사람이 단 한 명도 없다는 게 더 두렵게 느껴집니다. 자전거를 끌고 가든 타고 가든 오로지 혼자서 가야만 한다는 것이 말입니다.

자전거를 타고 계속 달리다 보면 가끔 비나 눈도 맞을 테고 진흙탕과 빙판길도 만나겠지요. 그저 제 자전거가 쓰러지지 않도록 페달을 밟아야 하는 게 인생이 아닐까 합니다.

지나온 세월과 마찬가지로 제 자전거가 어디로 향해 갈지 알 수 없습니다. 정해진 길도 없었고 이정표도 없이 지금껏 달려왔으니까요. 하지만 아직까지 페달을 밟을 수 있는 힘이 남아있는 것만으로 다행이라 여깁니다.

예전과 마찬가지로 제 자전거는 쓰러지고 넘어지겠죠. 하지만 어디일지 모르는 목적지를 향해 다시 자전거를 일으켜 페달을 밟을 것은 분명합니다. 두렵고 힘든 인생일지라도 페달을 멈출 수 없는 이유는 저에게 주어진 삶의 끝을 모르기 때문입니다.

저는 거창한 삶을 바라지 않습니다. 세상이 호락호락하지 않다는 사실을 알기에 주어진 것에 만족하는 삶을 추구합니다. 실패할지라도 저 너머 제가 알지 못하는 세상이 기다리고 있을 테니까요.

저는 지금도 어딘지 모를 거리를 향해 달리고 있습니다. 저에게 그 페달을 밟을 수 있는 힘만 남아있다면 언젠가 그 끝은 볼 수 있을 거라는 희망을 가져 봅니다. 이런 저를 언젠가부터 사람들이 멋지다고 합니다. 쑥스럽지만 서두르지 않고 쉬지도 않는 모습이 매력적인 걸까요?

누구든 정성을 가지고 대한다

밥을 사는 것도 모자라 계산을 치르는 방법까지 근사하게 하는 사람이 있습니다. 상대방 몰래 밥값을 계산하고 태연히 앉아있는 사람이 바로 그런 사람입니다.

지나친 친절은 경계하라는 말이 있는데, 이런 친절은 피할 수도 없는 대단한 친절입니다. 상대방에 대한 따뜻한 마음 없이는 절대로 불가능한 일이니까요.

밥을 사고자 하는 것도, 조용히 계산을 하는 것도 모두 마음이 관여합니다. 자연스럽게 나올 수도 있고, 어쩌면 치밀한 계산이 깔려있을지도 모릅니다. 여기서 계산이란, 베풀고 싶은 마음에 대한 고민 같은 것이 아닐까 합니다. 자신의 마음을 말이 아닌 행동으로 보여주기 위해서요. 계산하는 사람은 그게 자신은 물론 상대방도 위하는 길이라는 사실을 알고 있는 것입니다.

저는 이런 말을 하고 싶습니다. 사람을 만날 때는 누구든 정성을 가지고 대해야 한다고 말입니다. 정성은 열심히 듣고 열심히 호응해 주는 것일 수도 있습니다. 다시 말하면, 적극적으로 만남에 임하는 겁니다. 딴생각하지 않고 그 시간만큼은 내 앞에 있는 사람이 세상에서 가장 소중하다고 생각하는 것입니다.

좋은 관계를 맺고 싶다면 내 앞에 앉아있는 사람에게 최선을 다하는 게 맞지 않을까요? 관계를 잘 맺는 사람들은 저를 진심으로 위해 주고, 저는 이런 만남을 가질 때마다 그들이 전해준 온기를 그대로 느꼈습니다. 말이나 어떤 행동 없이 눈빛만으로 따뜻함을 느낄 수 있다고 할까요?

눈은 마음의 창이라고 하잖아요. 사실 젊었을 때는 타인의 눈빛에 관심도 없었고 그것의 의미를 잘 알지도 못했습니다. 하지만 제가 지나온 세월은 눈에 마음이 투영된다는 사실을 제대로 알게 했습니다.

저에게 식사를 대접하며 손을 내밀어 준 사람들 모두 눈빛이 한없이 맑았습니다. 또 그 눈빛에서 저를 생각해주는 마음 또한 느낄 수가 있었습니다. 직접적인 표현은 없었지만 눈빛을 통해 서로가 서로에게 고마움을 느끼고 있음을 알았습니다. 저는 대화 내내 그 생각을 떨쳐낼 수가 없었지요.

아낌없이 누군가에게 뭔가를 주고 싶은 마음은 결코 저절로 만들어지지 않습니다. 연인 간의 사랑을 떠올려 보면 쉽게 이해할 수 있습니다. 자신이 더 잘해 준다는 생각으로 상대를 대하면 어쩔 수 없이 관계가 돈독해집니다.

물론 이런 마음을 서로 품어야 이상적이겠지요. 한쪽만 품는다면 짝사랑밖에 안 될 테니까요. 자신이 더 잘해야겠다는 마음이 베풂을 이끌어 낸다고 생각합니다. 그리고 그 베풂을 상대가 진심으로 받아들였을 때, 서로에 대한 믿음과 고마움이 오고 갑니다. 상대방 몰래 계산을 하고 싶다는 마음은 이런 마음 안에서 만들어지는 듯합니다. 이들이 멋있어 보이는 이유도 몰래 한 계산이 아니라 그 행위를 이끌어 낸 마음 때문일 테니까요.

Part 3

끌리는 사람을 넘어
성장하는 사람으로

간절한 마음으로
운을 끌어당긴다

요 며칠 로또를 사보았습니다. 주기적으로 구입하는 것은 아니고 금요일이나 토요일 오후, 제가 지나는 길에 판매점이 있으면 혹시나 하는 마음에 구매해 봅니다.

지금까지 살아오면서 복권을 구입했던 적이 열 손가락 안에 꼽히는데, 올해만 벌써 5번을 구입했으니 꽤 빈도가 높은 편입니다.

복권은 경기가 안 좋을수록 판매가 늘어나는 대표적인 불황형 상품이라는데, 저 또한 불투명한 미래 때문에 이렇게 로또를 사는지도 모르겠습니다. 로또를 구입한 후 하루 이틀 정도, 어쩌면 하고 잠시나마 희망을 갖습니다.

따끈따끈한 로또 용지를 가슴 안쪽 주머니에 넣고 나면, 현실 불가능한 생각이 제 머릿속을 떠돌지만 그 기분이 싫지 않습니다.

물론 상상의 끝은 언제나 쓴웃음이지만, 당첨번호를 확인할 때까지 가느다란 여운이 마음 한편에 자리 잡고 있음을 모르지 않습니다.

로또에 당첨될 확률은 벼락을 맞을 확률보다 높다고 합니다. 평생 로또를 한 주도 빠지지 않고 산다 할지라도 당첨이 된다는 보장은 없지만 우연히 구입했을 뿐인데, 당첨이 되는 경우도 숱하게 일어나고 있지요. 당첨 확률은 전자가 훨씬 높지만 그것만으로 따질 수는 없습니다. 운이라는 것도 무시할 수 없기 때문이죠.

젊은 시절 저는 일등에 대한 관심이 높았습니다. 일등을 하기 위해 부단히 노력했던 기억이 아직도 제 머릿속에 남아있습니다. 노력에 비해 결과가 월등히 좋은 적도 있었고, 노력을 비웃듯 비참한 결과도 있었습니다.

저는 늘 뒤처진 인생을 살았지만 제가 할 수 있는 것에 대해서는 그 누구보다 열성적이었습니다. 특별한 능력이 없었던 저에게 기회는 쉽게 오는 게 아니었기 때문입니다.

제가 자신 있다고 생각하는 일을 하면서 짧게나마 일등을 경험해 보았습니다. 아마도 업무성과가 뛰어난 사람들을 관찰하기 시작한 시점과 제 일등의 경험이 같은 시기에 맞물려 있지 않았을까 합니다.

처음으로 일등을 경험해 본 곳은 군대였습니다. 스물셋에 시작한 늦은 군생활은 매우 고되고 힘들었습니다. 하지만 힘든 이유는 군생활이 아니라 떠나온 사회에 대한 그리움 때문이었지요.

저는 한없이 자유로웠던 사회가 그리웠습니다. 몸과 마음이 구속되어버리자 제가 속해 있었던 곳이 얼마나 소중한 곳이었는지 절실하게 느꼈습니다. 묶여있는 시간 동안, 제가 바랄 수 있는 것은 오로지 휴가밖에 없었습니다.

휴가라는 간절한 목표가 생기자마자 저는 그 누구보다 훈련에 열심히 임했습니다. 저격수 교육이든 자동화기 교육이든 포상으로 휴가가 주어지기만 하면 물불 안 가리고 달려들었습니다.

운이 좋았는지 결과는 항상 기대 이상이었습니다. 늘 하위권에서 맴돌기만 했던 제가 당최 어울리지도 않는 일등을 한 번도 아니고 여러 번 거머쥐게 된 겁니다. 저는 그 시절 '열심히 노력하면 일등을 할 수 있구나' 라는 진리 아닌 진리를 깨달았습니다.

군에서 일등을 제대로 경험해 본 저는 사회에 나와서도 그 기분을 잊지 않으려고 자신감을 갖고 생활했습니다. 기적 같은 일이 20대 중반의 저에게 여러 번 일어났습니다. 감당하기 힘들 정도의 기적을 경험한 후, 제 자신감은 하늘을 찌르는 듯했지요.

저는 30대 중반에 두 번째 회사에 다니면서 본격적으로 일등을 경험했습니다. 기존의 일등을 제치고 입사한 지 고작 2년밖에 안 된 직원이 일등을 해서 그런지 많은 사람의 입에 오르내렸습니다.

그 당시 제 얼굴은 활짝 핀 꽃이 아니라 수줍게 핀 꽃처럼 미소 짓고 있었지만 두 번째 직장에서 일등을 했을 때의 느낌은 군대 시절과 달리 제 노력만으로 일등을 차지한 게 아니라는 생각이 지배적이었습니다. 그전과 다르게 저의 몸에서 좋은 에너지가 나오는 듯했거든요.

당시 집사람이 첫째 아이 출산을 며칠 앞두고 있었는데, 어느 날 직장 상사가 저를 응원하듯 "진짜 복덩이가 들어섰나 보다!" 라고 기분 좋은 칭찬을 해주기도 했습니다. 그 말에 '실력이 아니라 운일지도 모른다'라는 생각을 진지하게 받아들였지요.

제가 로또를 얘기하고 부끄러운 저의 일등에 많은 지면을 할애한 것은, 우리가 알지 못하는 노력과 운의 관계에 대해서 말해보고 싶어서였습니다.

운칠기삼이라는 말이 있습니다. 운이 7할이고 노력이 3할이라는 의미입니다. 인생을 살면서 접하게 되는 모든 일의 성패는 7할의 운이 결정하는 것이어서, 결국 운이 따라주지 않으면 일을 이루기가 어렵습니다.

저는 어쩌다 일등을 해보았지만, 사실 아무리 노력해도 일등은커녕 등수 안에 들지도 못했던 때가 대부분입니다. 간절함 때문에라도 더 열심히 일했지만 노력은 처참함을 안겨주기 일쑤였지요.

하지만 첫째 아이가 생겼을 때는 달랐습니다. 저는 똑같은 자리에서 똑같이 일했을 뿐인데, 결과는 늘 저를 놀라게 했으니까요. 제 노력이 아니라 알 수 없는 어떤 에너지가 저를 허공 위로 올려놓은 듯했습니다. 모든 기운이 저를 중심으로 모여든 느낌이랄까요. 결과는 항상 저를 웃음 짓게 만들었고 얼굴 또한 밝게 빛났던 시절이었습니다.

지금 돌이켜 생각해 보면 저에게는 간절함이 있었습니다. 아빠가 된다는 사실이 저를 움직이게 했던 것 같습니다. 부끄럽지 않은 아빠가 되기 위해 저도 모르게 열심히 뛰었던 시절이었지요. 제가 살아온 삶에서 몸소 깨우친 철학이 있다면, 운이라 할지라도 노력하는 자에게 따른다는 사실입니다. 운도 실력이라는 말은 괜히 나온 말이 아닙니다. 간절함은 노력을 부르고 노력은 운을 부를 것은 당연하니까요. 그렇긴 해도 요행을 바라는 복권에 적용시킬 수 있을지는 저도 잘 모르겠습니다.

언제나 마음가짐을
새롭게 한다

예전이나 지금이나 '모든 것은 마음먹기에 달렸다'라는 말을 자주 듣습니다. 이 말은 너무나 당연해서 쉽게 지나칠 수밖에 없는 말이기도 합니다. 사람이면 누구나 시시때때로 생각이 들고 나가기를 반복합니다.

마음도 시간에 따라 변하고 사라지길 반복합니다. 제아무리 강하게 마음을 먹었을지라도 처음과는 다르게 무너질 때가 많습니다. '의지가 약해서'라고만 치부하기에는 애매한 구석이 있습니다.

마음가짐이라는 말은 이러한 불확실성 때문에 어쩔 수 없이 생겨났을 겁니다. 마음먹은 대로 모든 일이 행해진다면 이런 말이 쓰일 이유가 없었을 것입니다. 삶은 뜻대로 이루어지지 않습니다. 원하는 뭔가를 성취하기 위해서는 자신의 마음을 끊임없이 다지고 잡아야 합니다.

하루하루 약해지려는 마음을 단단히 부여잡고 상기해야 하는 것이 삶입니다. 어제 버텼다고 끝나는 게 삶은 아니니까요. 그제도 버티고 어제도 버텼다면 오늘도 버텨야 합니다. 그래서 마음가짐이라는 말을 머릿속에 입력해 놓아야 할지도 모릅니다. 현실이 버겁고 뭔가 포기하고 싶을 때마다, 강한 마음이 부정적인 생각을 없애줄 테니까요.

태어나서 처음으로 웅변대회에 나간 적이 있습니다. 스물세 살, 군대 시절이었습니다. 성적에 관계없이 참가만 하면 포상으로 일주일간의 휴가가 주어진다는 말에 겁도 없이 신청했습니다. 목적은 오로지 휴가밖에 없었습니다. 사회가 너무나 그리웠기 때문입니다.

일어서서 국어책 하나 큰소리로 읽지 못했던 제가 엄청난 일을 저지르고만 것입니다. 웅변이라곤 "이 연사!"밖에 몰랐고, 원고 또한 써본 적이 없었기에 눈앞이 캄캄했습니다. 물론 군 생활을 짧게 해서 응원을 해줄 선임도 후임도 없었지요.

겁먹고 포기했다가는 관심사병으로 찍힐 것이 뻔했기에 어떻게든 해내야 했습니다. 훈련과 모든 작업에서 열외되고, 일과 시간에 홀로 대회를 준비했습니다. 원고 같지도 않았지만 다행히 반공 원고를 완성하고 본격적으로 웅변 연습에 들어갔습니다.

전년도 웅변대회 입상자인 바로 윗 선임의 아주 불친절한 지도를 받으면서 남몰래 고통의 눈물을 흘렸습니다. 가르쳐주는 것 하나 없이 원산폭격밖에 시키지 않았으니까요. "목소리가 작다, 발음이 불분명하다, 톤이 똑같다" 등등 욕이란 욕은 다 먹으면서도 어서 웅변대회 날이 찾아오기를 바랐습니다.

포기하고 싶은 마음이 굴뚝 같았지만 선임 때문에라도 잘 해내고 싶었습니다. 복수 아닌 복수를 하고 싶었기 때문입니다. 몹시 두려웠지만 마음을 다지는 일밖에 할 수 있는 것이 없었습니다. 선임으로 인한 분노와 대회로 인한 두려움과 맞서 싸워야만 했습니다.

마침내 여단 웅변대회 날, 저희 부대를 대표해서 그 누구도 없이 홀로 참석했습니다. 물론 바로 전날 고참들 앞에서 시범을 보였지만 응원은커녕 욕만 먹었기에 기가 죽을 대로 죽어있는 상태였습니다.

선임의 당황한 눈빛이 눈에 선했습니다. 열댓 명 정도의 참가 인원 중에 저는 맨 마지막 순서였습니다. 매도 먼저 맞는 게 낫다고 하는데 순서를 알게 된 순간, 심장이 또다시 요동치고 있음을 느꼈습니다.

아주 넓은 연병장에서 대회가 이루어졌지만 아이러니하게도 관중은 참가 인원 정도밖에 되지 않았습니다. 그나마 다행이었죠. 올라가서 망신을 당한다 하더라도 그 수만큼만 창피하면 되니까요.

제 심장은 쉴새 없이 요동치고 있었지만 대회가 진행될수록 평온함을 찾고 있음을 느꼈습니다. 물론 뛰어난 사병도 있었지만, 저보다 형편없어 보이는 사병이 더러 있었기 때문입니다. 마침내 제 차례가 되어 단상에 올랐습니다.

저는 멀리 보이는 누군가를 응시하며 마음을 다졌습니다. 속으로 '너는 나보다 더 못해, 넌 여기에 올라올 용기도 없잖아, 나는 못생긴 너보다 잘할 수밖에 없지' 하며 실컷 비웃어주었습니다. 그러자 갑자기 힘이 불끈 솟더군요. 고질병이었던 일정한 톤이 문제이긴 했지만, 실수 없이 마치고 내려왔습니다.

당연히 입상은 못했습니다. 하지만 그 어떤 일등도 부럽지 않았습니다. 저의 목표는 입상이 아니라 망신살이 뻗치지 않는 것이었으니까요. 오히려 저는 자신과의 싸움에서 이겼다고 생각했습니다. 이렇게 생각할 수 있었던 건 마음가짐을 바꾸었기 때문입니다.

"마음을 다시 먹는다"라는 말은 일어나겠다는 겁니다. 나약해진 마음을 추슬러 뭔가를 행하겠다는 의미입니다. 아무것도 아닌 말처럼 들리지만 이런 생각은 거짓말처럼 행동을 이끌어냅니다. 귀찮은 일도, 힘든 일도 어느새 긍정적인 마음이 덮어버리지요.

똑같은 일을 하더라도 마음을 다시 다지는 순간 그 일이 편안하거나 고마운 일로 바뀌어 버립니다. 그 이유는 같은 행위일지라도 다른 관점에서 바라볼 수 있기 때문입니다. 즉 자기 자신을 움직일 수 있는 힘은 새롭게 다져진 마음인 것입니다.

만사가 귀찮아 하루 종일 누워만 있고 싶을 때가 있습니다. 그 마음이 다음 날 아침까지, 아니면 더 오래 가는 날도 있지만 결국은 일어나 움직여야 합니다.

일어날 수 있는 힘은 어디서 나올까요? 그전과는 다른

생각이 아닐까 합니다. 시간이 흘러 머릿속에 새롭게 든 생각 말입니다. 일어나고 싶은 마음, 바로 긍정적인 생각입니다. 이런 새로운 생각 없이는 움직일 수 없습니다. 어떤 일을 행함에 있어서 긍정적인 마음은 좋은 결과를 가져다줍니다.

저는 여가 시간에 여러 가지 주제에 대해 글을 씁니다. 일기도 쓰고, 소설도 쓰고, 에세이도 쓰지요. 저는 글 쓰는 일이 즐겁습니다. 글이 잘 써지든 안 써지든 관계없이 뭔가를 쓰기 위해 하얀색 모니터 앞에 앉아 있는 시간이 편안합니다.

그러나 아주 가끔은 이런 시간이 괴로움으로 다가올 때도 있습니다. 그렇다 해도 모니터 앞을 떠나지 못하는 이유는 오로지 마음가짐 덕분입니다. 글을 쓰는 일이 힘들어도, 펜을 내려놓고 싶어도 글을 쓰는 내내 마음을 다지고 또 다지기 때문입니다. 어차피 쓸 거라면 즐겁게 쓰자고요.

제가 살아온 세월은 마음을 다시 먹는 것, 즉 마음과 또 다른 마음의 싸움이었습니다. 제 머릿속에는 자주 두 마음이 부딪히곤 했습니다. 항상 부정과 긍정의 생각이 선택을 강요하곤 했지요. 답은 이미 정해져 있었지만요. 결국 저의 나태하고 나약한 마음을 떨쳐내는 방향으로요. 부정적인 생각 위에 긍정적인 생각을 덮어주면 과정도 결과도 달라질 테니까요.

자신의 생각을 믿고 자신이 품은 마음을 믿으시길 바랍니다. 믿고 의지할 곳은 오로지 자신의 마음밖에 없으니까요. 마음가짐이란 결국 어떤 일이든 극복할 수 있게 하는 강력한 힘인 것 같습니다.

괴로웠던 기억은
빠르게 잊는다

누구나 사는 동안 작든 크든 수없이 많은 아픔의 시간을 보내게 됩니다. 저 역시 실패와 아픔이 많았습니다. 저는 그 많은 아픔의 상황을 어떻게 이겨냈을까요? 지금은 기억이 희미해졌지만, 젊은 날 뜬눈으로 밤을 지새우며 죽을 것 같은 아픔을 경험한 적도 있었습니다.

시간이 약이었을까요? 지난 아픔 하나를 애써 꺼내 보니, 참기 힘들었던 고통이 서서히 시간에 묻힌 느낌이 듭니다. 첫사랑과 이별한 아픔은 그 시절 제 인생 전체를 흔들어 놓았지만 아무 탈 없이 이겨냈던 것처럼요. 분명 제 자신이 아니라 세월이 제 마음을 무디게 만들어주었을 겁니다.

제가 경험한 좌절과 그에 대한 아픔은 하나도 빠짐없이 잊혔습니다. 불과 얼마 전의 고통일지라도 지금까지 저를 괴롭히는 고통은 없습니다. 지나온 제 삶을 돌아봐도 시간이 많은 것을 해결해 준 듯한 생각이 듭니다.

그래서 저는 지금도 힘든 일이 닥칠 때마다 시간에 기대는 버릇이 생겼습니다. 내일은 분명히 나아질 거라는 생각을 되뇌면서요. 현재의 죽을 것 같은 고통을 먼 미래까지 고스란히 가지고 가는 경우는 없습니다. 시간과 기억이 맞물려 그것을 희미하게 만들어버리기 때문입니다.

사람의 뇌는 기억과 망각이라는 상반된 임무를 수행합니다. 제가 생각하는 기억은 소극장에서 영사기를 통해 스크린에 비춰지는 흑백사진과 같습니다. 선명하게 떠오르는 기억일지라도 색감이 느껴지지 않기 때문입니다.

오래전 기억을 떠올려 보면 모두가 약속이나 한 듯 희미한 모습입니다. 하물며 같은 날의 기억일지라도 한두 장면밖에 떠오르지 않습니다. 컴퓨터처럼 뇌의 용량에 한계도 있을 것이고, 굳이 많은 정보를 일일이 저장해 놓을 필요는 없을 테니까요.

기억도 기억이지만 망각에 대해서도 곰곰이 생각해 볼

필요가 있습니다. 어쩌다 안타깝고 속상한 일을 겪을 때가 있습니다. 온종일 머릿속에는 후회의 감정뿐입니다. 그 감정이 일주일 이상 아니면 더 길게 갈 수도 있습니다. 치명적인 실수를 범했을 때는, 그 속상함을 이루 표현할 길이 없지요.

하지만 어느 정도 시간이 흐르면 잊힙니다. 일주일 내내 자신을 괴롭혔던 생각이 감쪽같이 사라지지요. 도저히 잊지 못할 것 같은 생각이 사라지는 것도 신기하지만 자신을 괴롭혔던 시간이 가고 다시금 마음이 편안해지는 순간이 온다는 것도 신기합니다.

무엇인가를 잊는다는 것은 비움의 의미를 포함하고 있습니다. 비운다는 것은 결국 새로움을 담보로 합니다. 실패에 대한 아픔은 결국 잊힐 테고, 그 자리는 새로운 도전이 채울 것이니까요. 그러므로 망각의 고마움 역시 지나쳐서는 안 됩니다. 아픔은 잊히고 약이 되어 정신의 자양분이 될 테니까요.

이것이 망각이 지닌 힘이 아닐까요? 실패의 두려움을 떨쳐 낼 수 있는 힘 말입니다. 시간이 흐르고 나면 대부분의 과거가 좋게 보이는 것은, 신이 인간에게 내려준 망각이라

는 선물 덕분입니다. 나쁜 것은 버리고 좋은 것만 남겨둘
수 있는 망각의 능력 덕분이라고 할 수 있지요.

부유하지 않더라도
마음은 부자다

남들에 비해 가진 것은 없지만 가난하다는 생각은 단 한 번도 해 본 적이 없습니다. 벌이가 시원치 않아 경제적으로 힘들었던 적이 꽤 있었지만, 그렇다고 가난이라는 단어가 제 머릿속에 떠오르지는 않았습니다. 지금 저의 생활 역시 별반 다르지 않지만 제 생각은 변함이 없습니다.

제가 지나온 유년 시절 또한 지금보다 더 가난했지만 그렇게 생각해 본 적이 없는 것 같습니다. 어쩌면 가난을 느낄 만한 나이가 아니었을지도 모르겠네요. 그 시절 제가 생각했던 가난은 못 사고, 못 먹는 것에 국한돼 있었을 테니까요. 못 가진다고 해서 거기에 가난을 결부시킬 수 있는 머리도 없었습니다. 뭔가 부족하기는 했어도 집 안에는 언제나 따뜻한 공기가 감돌았습니다. 배가 고팠어도 그것을 참아낼 수 있는 웃음이 제가 머무르는 공간에 함께 있었지요. 엄마의 따뜻한 품이 있었고, 형과 누나의 웃음도 볼 수 있었으니까요.

유년 시절을 지나고 청소년기를 관통할 무렵, 경제도 좋아졌고 저희 집 형편도 나아졌습니다. 남들만큼은 아니지만 원하는 것을 사고, 원하는 것을 먹을 수 있는 수준은 되었습니다. 간혹 남들 모두 가진 것을 가질 수 없을 때, 뿔이 나기도 했지만 집안을 원망한 적은 없었습니다.

누군가는 저를 가난하다고 생각했을 테고, 또 다른 누군가는 그렇지 않다고 생각했을 겁니다. 하지만 그것은 중요하지 않았습니다. 제 마음은 가난하지 않았으니까요.

가난은 있어야 할 것이 없는 상태입니다. 오래전 저희 집에는 있어야 할 것이 없었습니다. 하지만 그 누구도 가난에 대해서 말하지 않았습니다. 저는 그 이유가 꿈이 아닐까 생각했습니다. 소박하지만 내일은 가질 수 있을지도 모른다는 마음 말입니다.

현재의 생활에 100% 만족하고 살아가는 사람은 없을

겁니다. 대부분 현재보다 미래가 좋아지기를 바라지요. 저 또한 현재가 조금 더 나아지기를 바라는 마음으로 하루하루를 삽니다.

하지만 지나온 삶을 돌이켜 보면, 뭔가 획기적으로 변했다는 생각이 들지는 않습니다. 나이만 늘었을 뿐, 달라진 것은 분명 없으니까요. 또 앞으로 나아진다는 보장도 없습니다. 저는 조용히 흐르는 시간에 기대 지금과 똑같은 현재를 맞이할지도 모릅니다.

제가 두려운 것은 미래가 아니라 현재입니다. 항상 미래를 기대하며 살아왔지만 과거든 미래든 현재와 다를 바 없었기 때문입니다. 저는 별다른 진전이 없는 저의 삶을 보면서, 현 상황을 유지하는 것이 제 기대의 전부가 아닐지도 모른다는 생각을 했습니다.

육체는 감지하기 힘들 정도로 서서히 늙어갑니다. 미래를 꿈꾸는 저의 정신 역시 눈치채기 힘든 변화가 진행 중일지 모르겠지만 믿을 수만은 없는 노릇입니다. 언제나 결과는 같았으니까요.

제가 가난하다고 느껴본 적이 없는 것은 현재에 만족하며 살았기 때문입니다. 다가오지 않은 미래보다는 이미 다가온 현재에 기대는 게 수월했을 테니까 말입니다. 소망은 있었을지라도 구체적이지는 않았습니다. 하지만 분명한 것은 미래도 현재도 과거가 된다는 사실입니다. 조금 더 나은 미래를 소망했던 현재가 크게 변하지 않을지라도 과거라는 시간 안으로 흘러갈 겁니다.

많은 사람이 자신의 과거를 그리워하면 했지 원망하지는 않습니다. 원대한 미래를 꿈꾸었을지라도 결과에 순응하고 받아들이지요. 눈에 띄는 변화가 없을지라도 미래를 기대하는 건, 그것이 현재를 유지할 수 있는 유일한 방법이기 때문입니다.

변화를 바라지만 변화는 쉽게 드러나지 않습니다. 꿈이 현실이 되었을지라도 뚜렷한 변화를 느끼지 못한 적이 많았지요. 또 다른 꿈이 그 자리를 대신했으니까요. 하루하루 늘어가는 주름도 없고 급격하게 만들어진 주름도 없습니다. 모든 일이 시간의 흐름과 같이할 뿐입니다.

가난하지 않다는 마음은 저 혼자만의 생각입니다. 하지만 이런 생각은 제가 겪은 현재가 과거가 되었을 때, 그것들이 쌓이고 쌓여 자연스레 만들어준 것이란 사실을 모르지 않습니다. 앞으로의 삶이 현재보다 좋아질지 아닐지는 알 수가 없습니다. 하지만 아직까지 가난하지 않은 현재를 원망할 일은 없습니다. 앞으로의 변화도 보이지 않게 서서히 올 테니까요.

마음이 가난하지 않은 자는 비록 가진 것이 없을지라도 가난을 느낄 틈이 없습니다. 그게 세상을 살아가는 태도일지도 모릅니다. 또 이러한 마음가짐이 현재를 풍요롭게 만들어주는 방법이 아닐까 합니다. 저는 오늘도 더 나은 미래를 맞이하기 위해 이렇게 글을 쓰고 있습니다.

다만 이 시간이 과거가 되었을 때, 그리움의 대상이 되지 않았으면 합니다. "그때가 좋았어"라는 말은 제가 하든 남에게서 듣든 아련한 감정만 건드릴 뿐, 그다지 듣기 좋은 말은 아니더라고요.

일상에서 걷고
뛰는 것을 즐긴다

제가 가장 좋아하는 운동은 '걷기'입니다. 오랜 시간 산악자전거도 타보았고, 한때는 달리기에 빠져 마라톤 풀코스도 여러 번 완주해 보았습니다. 이제는 2시간 정도 여기저기를 걸어 다니는 것을 좋아합니다. 제가 많은 운동 중에서도 걷기를 선호하는 것은 건강은 물론 정신까지 챙길 수 있기 때문입니다.

사실 걷기는 운동이 아니라 수행에 가깝습니다. 마치 움직임이 수반된 명상 같습니다. 혼자 할 수 있는 운동 중에 걷기보다 좋은 운동은 없다는 게 제 지론입니다. 몸과 마음까지 챙길 수 있는 운동이기 때문입니다.

오늘도 눈을 뜨자마자 제일 먼저 한 행동은 걷기였습니다. 출근을 해야 하니, 일어나자마자 걸어서 화장실로 향했지요. 옷을 챙겨 입고 집을 나오면 버스 정류장까지 대략 10분 정도를 걸어갑니다. 제가 의도적으로 걷는 시간을 만들지 않는 이상 이 시간이 가장 오래 걷는 시간입니다. 하지만 이 정도의 시간으로 운동 효과를 바라기에는 무리가 따릅니다.

왜 의사들이 운동을 얘기하면서 30분 이상을 강조하는지 아시나요? 하루에 만 보를 걷는다 할지라도 그 시간이 짧게 짧게 나뉘면 운동 효과를 볼 수 없기 때문입니다. 안 걷는 것보다는 낫지만 체중 감량을 원하거나 건강을 위해서라면 멈추지 않고 30분 이상 꾸준히 걸어야 합니다.

운동화를 신고 처음 걷기 시작해서 대략 20분까지는 몸에서 어떤 변화도 느껴지지 않습니다. 하지만 20분이 지나는 순간부터 몸에서 열이 나기 시작합니다. 날씨가 무척 추운 날이라도 예외는 없습니다. 조금 더 시간이 흐르면 얼굴이 뜨거워지고 목덜미에서 끈적끈적한 땀이 나오고 있음을 감지할 수 있습니다.

물론 기온에 따라 땀의 양이나 농도가 다르게 느껴집니

다. 여름이면 심하게 흘러내리고, 겨울이라도 흘러내릴 정도는 아니지만 분명 땀이 느껴집니다. 더 걸어서 40분 가까이 되면 등쪽 부분 옷이 다 젖을 정도로 땀이 흥건해집니다. 이때부터는 추운 날씨라도 겉옷을 벗을 수밖에 없습니다. 몸의 열과 땀 때문에 추위를 못 느끼는 것은 당연하고 덥기까지 하기 때문입니다. 하지만 걸음을 멈추는 순간 혹독한 추위를 느끼게 되지요.

저는 땀을 많이 흘려보았습니다. 그리고 흐르는 땀을 눈여겨보았지요. 땀이 모두 같지 않다는 사실도 경험으로 알았습니다. 사람이나 동물이 땀을 흘리는 이유는 체온을 조절하기 위해서입니다. 여름날 뙤약볕에 노출된 몸은 어쩔 수 없이 땀을 흘리게 되는데, 그 이유는 땀이 증발하면서 피부 표면을 차갑게 해 체온을 떨어뜨리기 위함입니다.

더운 날 흘리는 땀은 걷기나 오랜 시간 운동 후의 땀에 비해 많이 묽습니다. 끈적끈적한 땀이 아니라 물의 농도에 가까운 땀이지요. 사우나에서 몸을 타고 흘러내리는 땀과 비슷하다고 할 수 있습니다. 어쩌면 더 묽을지도 모르겠습니다. 매운 음식이나 뜨거운 음식을 먹을 때, 머리나 얼굴에서 만들어진 땀 역시 다르지 않습니다. 정도의 차이는 있지만, 이 세 가지 땀은 모두 비슷합니다. 오로지 체온을 낮추기 위해 만들어진 땀이지요.

하지만 장시간 운동 후에 흘리는 땀은 확연히 다른 땀입니다. 지방이 타서 땀에 섞여 나오기에 끈끈함을 지닌다고 짐작해 봅니다.

걸어보면 알겠지만 장시간 걷는다는 것은 매우 고된 일입니다. 일상에서 어쩌다 한 번쯤은 활력을 주기에 충분하지만 그게 꾸준히 해야 할 일로 변한다면 결코 쉬운 일이 아닙니다. 하지만 이렇게 땀을 흘리면 성취감이 남다를 수밖에 없습니다. 땀은 불쾌한 이미지가 강하지만 운동 후에 흘린 땀은 상쾌합니다.

냉정한 세상만큼 사람의 육체 역시 호락호락하지 않습니다. 육체에 지배당하지 않으려면 끊임없이 자신과 싸워야 합니다. 자신의 몸을 괴롭히면 부지런함에서 나온 몸을 줄 것이며, 방치하면 게으름에서 나온 몸을 줄 것입니다.

저는 늘 배고픔에 졌습니다. 그것을 알면서도 음식 앞에서 한없이 무너졌지요. 제 몸이었지만 통제하기가 어려웠습니다. 사람의 몸은 정신처럼 영악하지 않습니다. 과하면 찌고 부족하면 빠집니다. 어쨌든 오늘도 자신의 몸뚱이를 괴롭히는 하루가 되어야 한다는 겁니다. 움직이지 않으면 위험은 없습니다. 하지만 힘들지라도 어렵게 흘린 땀은 결과에 상관없이 가치가 있습니다. 육체가 흘리는 땀은 배신이라는 단어를 모르니까요.

대학 졸업 후, 백수 생활을 시작한 저는 며칠이 지나지 않아 그 무료함에 지쳤습니다. 갈 곳도, 할 것도 없는 저는 더디게 흐르는 시간 속에서 방황 아닌 방황을 했습니다.

낮과 밤이 바뀐 지는 오래였고, 어느새 그것이 자연스러운 생활이 돼버렸지요. 그 시절 제가 뼈저리게 느낀 것이 있다면 아침이면 눈을 떠야 한다는 사실과 눈이 떠졌으면 바로 씻어야 한다는 것이었습니다. 또 씻었으면 옷을 챙겨 입고 갈 곳이 있어야 했지요. 하루도 빠짐없이 1년 이상을 쉬면서 휴일은 다 같은 휴일이 아니라는 것도 알았습니다. 휴일은 말 그대로 일하는 자만이 누릴 수 있는 호사였습니다.

백수의 쉬는 날은 편안함이 아니라 고통 그 자체였습니다. 남아도는 시간은 휴식의 의미조차 무색하게 만들었지요. 제가 꿈에 대해 알게 되기 전까지 분명 그렇게 살아온 시간이 많습니다. 하지만 꿈을 갖고 그것에 대해 생각해 보면서 많은 변화가 생기기 시작했습니다. 변화는 제 몸과 마음을 가만히 놔두지 않는 것에서 시작되었습니다.

몸과 마음을 방치하지 않는 것이 정신과 육체를 깨우는 일이라는 것을 경험으로 알았습니다. 육체를 방치하지 않는다는 말은 부지런하다는 말과 일맥상통합니다. 누구나 아침에 잠에서 깨어나기가 힘듭니다. 5분만 더 자고 싶은 마음은 늘 생기지요. 그 마음을 뒤로한 채, 무거운 몸을 일으키는 게 방치하지 않는 삶의 시작입니다.

현명한 사람은 자신의 육체를 방치하지 않습니다. 그 이유는 정확히 모르지만, 육체가 깨어나야 정신 역시 깨어난다는 사실을 알기 때문입니다.

달리기는 무척이나 힘든 운동입니다. 제가 경험해 본 운동 중에 달리기보다 힘든 운동은 없었습니다. 온힘을 다해 전력 질주한다는 생각만 해도 고통스러움이 고스란히 전해집니다. 하지만 그 고통 뒤에는 달리지 않았다면 절대로 맛볼 수 없는 희열이 있습니다. 숨이 골라진 후에 느끼는 상쾌함 같은 무엇이 정신을 감싸주는 듯한 느낌입니다. 싫지 않은 그 느낌은 열심히 살고자 하는 마음을 북돋아 주곤 했습니다.

오래전, 달리기를 즐기면서 알게 된 사실은 걷기와 마찬가지로 육체가 아니라 정신을 건강하게 해주는 운동이라는 겁니다. 제가 달리면서 뿌듯함을 느꼈다면 그것은 날씬한 몸이 아니라 날씬해진 정신 때문입니다. 군더더기 하나 없었던 정신이 가득 찬 시기는 누구보다 열심히 달렸던 때라는 것을 알고 있으니까요. 아직 제 기억은 정신이 가장 맑았던 시절을 생생하게 기억하고 있습니다.

육체가 움직이지 않으면 정신도 멈춥니다. 자신의 육체를 방치하지 말아야 할 이유는 그게 정신을 깨우는 일이기 때문입니다. 정신이 맑은 상태로 하루하루 살아간다면 조금 더 빨리 꿈이 찾아오지 않을까요?

규칙적인 수면 패턴으로
정신 건강을 지킨다

새삼 잠이라는 게 무엇일지 의문이 듭니다. 수면이 인간에게 필요한 이유와 그 영향이 사뭇 궁금하게 느껴집니다. 유년기든 청소년기든 육체의 성장은 수면을 취할 때 이루어집니다. 인간의 수면은 휴식을 의미하기도 하지만 그 이상의 것을 담고 있지요. 휴식을 취하고 아니고의 문제가 아니라 무조건 행해야 하는 것이기 때문입니다.

충분한 잠은 충분한 식사와 같습니다. 굶고 살 수 없듯이 수면이 없는 삶 역시 불가능합니다. 어쩌면 영양분보다 더 큰 의미를 지닐지도 모릅니다. 잠이 쏟아지면 밥이고 뭐고 만사가 귀찮습니다. 자신의 몸이 무엇보다 수면을 원하기 때문입니다.

당연하게 보이는 일상이라 생각해 볼 기회가 없어서 그렇지, 수면에 대한 욕구는 그 어떤 욕구보다 큽니다. 먹지 않고 버틸 수 있는 시간과 안 자고 버틸 수 있는 시간을 단순 비교만 해봐도 수면의 중요성을 어렵지 않게 짐작할 수 있습니다.

삶을 영위하기 위해서 반드시 충족되어야 할 욕구는 음식과 수면입니다. 일상적인 삶을 유지하기 위한 최소한의 욕구가 바로 이것입니다. 음식보다 수면이 더 중요하게 와닿는 이유는 수면이 육체는 물론 정신을 아우르기 때문입니다. 일하면서 소비했던 에너지를 보충하려면 식사보다 수면하는 것이 더 나을지도 모릅니다.

수면이 어떤 경로로 화학적인 반응을 일으켜 사람의 육체와 정신에 활기를 불어넣는지 정확히 알 수는 없지만, 누구나 수면이 중요하다는 사실을 알고 있습니다. 자신의 지친 육체에 힘을 불어넣어 주는 것까지는 이해가 가나, 정신이 얼마나 많은 노동을 했기에 잠을 자고 안 자고의 유무가 정신의 상태를 좌우하는지가 놀라울 따름입니다.

저는 사람이 잠을 자야 하는 이유를 오래전에 몸소 깨우

쳤습니다. 몇 년 전, 직장생활을 하면서 피치 못할 사정이 생겨, 나흘 밤을 연속으로 지새운 적이 있었습니다. 낮에도 일하고 밤에도 일하는 생활을 대략 한 달 정도 했는데, 제 몸의 변화를 바로 눈치챌 수 있었습니다.

하루 이틀 정도 밤을 새우고 잠을 취한 후에는 졸음만 그 전보다 늘어날 뿐, 별다른 몸의 이상은 없었습니다. 하지만 밤을 지새우는 날이 많아지고, 연달아 밤을 새우다 보니 제 몸이 신호를 보내기 시작했습니다.

과로가 누적되면 먼저 정신이 몽롱해집니다. 졸음이 몰려오고 아니고의 문제가 아니라 정신이 갈피를 못 잡고 헤맨다는 말이 정확합니다. 취기가 도는 느낌이랄까요? 집중을 요하는 업무는 당연히 불가능했고, 단순한 숫자 계산 역시 틀리기 십상이었습니다.

의자에 몸만 기대면 잠이 쏟아졌지만 정작 잠자리에 누웠을 때는 쉽게 잠들지 못했습니다. 힘들게 잠이 들었을지라도 두세 시간 이상을 잘 수가 없었고, 다시 잠들기 위해 오랜 시간을 뒤척여야만 했습니다.

과로의 누적은 지금까지 살아오면서 머리가 아파 본 경험이 별로 없는 저에게 두통까지 만들어주었습니다. 심한 통증은 아니었으나 하루 종일 머리가 아픈 날이 지속되었습니다. 그 사실을 항상 인지하고 있었기에 어떤 일을 하든 집중하기가 무척이나 힘들었습니다.

두통이 멈추지 않고 정신이 멍한 상태가 되니 제 신경은 온종일 날카로웠습니다. 자고 싶다는 마음밖에 없었지만 시간이 허락하지 않았기에 버스든 차 안이든 잠깐씩 눈을 붙이곤 했습니다. 버스의 경우는 자리에 앉자마자 잠이 들었기에 내려야 할 곳을 지나치기 일쑤였고, 마치 자동차가 졸음운전으로 차선을 서서히 이탈하려는 것처럼 걸음도 똑바로 걷지 못했습니다.

그러다 어느 날, 도저히 이해할 수 없는 장소에서 양복바지를 찢어 먹고 말았습니다. 출퇴근길, 늘 다녔던 편의점 옆에 만들어진 나무 테라스 모서리 부분에 바지가 걸려 찢어지고 만 것입니다. 정말 말도 안 되는 상황이라 정신이 멍한 상태임에도 불구하고 그 심각성을 바로 느꼈습니다. 분명히 제가 인지하지 못했던 비틀거림이 있었을 테니까요.

수면이 부족하면 눕고 싶다는 생각밖에 들지 않습니다. 생활의 질이 현저히 떨어져서 정상적인 활동을 할 수가 없습니다. 만성피로를 한참 넘어선 상태가 되어 어떤 의욕도

가질 수가 없었습니다. 역시 '잠이 보약'이라는 말은 괜히 나온 말이 아니라는 것을 몸소 느꼈습니다.

몸이 아프면 너나 할 것 없이 자리에 눕습니다. 중요한 것은 아파서 눕는 것이 아니라 잠들기 위해서 눕는다는 사실이죠. 잠이라도 자야 그나마 기력이 회복되기에 본능적으로 누울 수밖에 없는 겁니다.

충분한 수면이 다음 날의 기분을 좌우합니다. 기분이 좋으면 상쾌한 아침을 맞이하게 되고 일과의 시작이 상쾌하면 업무의 효율성이 높아질 수밖에 없습니다. 본받을 점이 많은 사람은 대개 잠이 부족하지도 많지도 않습니다. 수면이 제아무리 중요할지라도 다른 일과 마찬가지로 과하면 오히려 해가 되기 때문입니다. 잠은 통제하기 어렵지만 통제해야만 하는 양면성이 있습니다.

조직 내에서 우수한 성과를 내는 사람들의 수면 패턴은 그렇지 않은 사람에 비해 매우 규칙적입니다. 일일이 다 물어보고 다닌 것은 아니지만 아침 출근 시간만 살펴봐도 쉽게 알 수가 있습니다. 그들은 특별한 일이 없는 이상 언제나 똑같은 시간에 출근카드를 찍습니다.

인생에
간절함을 가진다

저를 지탱하는 힘이 '꿈'이라는 사실을 알았습니다. 마흔이라는 나이를 넘어 알게 되었지만 그것만으로도 고맙게 생각합니다. 만일 꿈이 없었다면 지금 쓰는 이 글이나 현재의 저 역시 없었을 겁니다. 꿈의 중요성을 늦게라도 알았기에 이렇게 지면을 할애하고 있습니다.

사실 누구나 꿈을 꾸고 갖는 것은 아닙니다. 꿈이 있다 하더라도 현실에 발목 잡히는 경우도 많습니다. 저 역시 어렵게 꿈을 품었을지라도 그저 꿈일 뿐, 언제나 소리 소문 없이 허공으로 날려보내곤 했습니다. 꿈을 이루기 쉬웠다면, 굳이 꿈이라 부르지도 않았을 겁니다. 꿈은 분명 다가가기 어렵고, 이뤄내기 힘들기에 품는다는 표현을 갖다 붙일 수 있을 겁니다.

누구나 쉽사리 꿈을 품지 못하고 포기하는 이유가 여기에 있을지도 모릅니다. 꿈은 말 그대로, 잠에서 깨어나면 흔적도 없이 사라질 허망한 신기루 같은 것이니까요.

현실은 그렇다 치더라도 꿈은 삶의 방향이자 목표라 할 수 있습니다. 꿈은 북쪽 하늘에 떠 있는 북극성과 같은 존재이니까요. 누군가의 삶이 자신이 원하는 곳으로 흘러갈 수 있게 하는 한 줄기 빛인 것이지요. 꿈을 품었으면 생각에 그치지 않고 그 꿈을 향해 묵묵히 걸어가야 합니다. 가능성이 희박할지라도 미래를 향해 구체적으로 움직여야 다가갈 수 있습니다.

기계는 물론 인간 역시 움직이기 위해서는 에너지가 필요합니다. 꿈을 향해 움직이게 하는 에너지가 바로 '간절함'이 아닐까 생각하고요. 뭔가를 미친 듯이 갈구하는 마음이 꿈에 다가가게 해준다고 믿습니다. 간절함은 자신에 대한 사랑과 같은 겁니다. 과연 이것 없이 성취할 수 있는 것이 있을까요?

누군가 보고 싶은 것도, 뭔가를 성취하고자 하는 마음도 간절함입니다. 마음가짐이지만 이러한 생각은 마음을 뛰어넘고도 남습니다. 저의 경우에는 크든 작든 간절함을 가지고 몰두하면 종종 그것들이 마음먹은 대로 이루어지곤 했습니다. 물론 생각만 가지고서는 불가능하고, 그 간절함에 상응하는 구체적인 행동이 수반되어야 합니다.

하지만 크게 걱정할 필요는 없습니다. 누구든 간절한 마음을 품는 순간 행동이 저절로 따라오기 때문입니다. 간절함은 마음속 하나의 생각이지만 행동을 이끌어 내기에 마음에만 국한시킬 수는 없습니다. 다시 말하자면, 간절함은 생각이자 움직임이기 때문이지요.

저 또한 지금까지 살아오는 동안 수많은 간절함을 가졌습니다. 결과가 좋은 적도 있었고 당연히 안 좋은 적도 많았습니다. 간절함은 뭔가를 성취하게 만들어주기도 하지만 간절하게 바란 일이 틀어졌을 때, 그 아픔은 숨이 막힐 정도로 감당하기 어렵습니다. 간절함의 크기에 따라 아픔이 비례한다고 할까요? 그렇다 할지라도 그게 무엇이든 누구나 간절함을 품어야 할 이유가 충분합니다. 간절함 없이는 긍정적인 결과를 이뤄낼 수가 없기 때문입니다.

제가 간절함에 몸부림쳤을 때는, 간절함이라는 단어가

마음은 물론이고 제 몸 구석구석에 박혔던 때였습니다. 제 나이 서른 살, 금전적으로 풍족하지는 않았지만 행복했습니다. 주 5일제 근무가 시행되기 전이었지만 외국계 음반 회사였기에 온전히 쉴 수 있는 주말도 한몫 거들었습니다. 스트레스라는 단어를 무색하게 할 만큼, 편안하고 순탄한 시간의 연속이었습니다. 큰 실수 없이 조직 내에서 인정도 받았지요.

하지만 오래지 않아 대한민국 음반 시장이 급격히 나빠졌습니다. 제가 입사했을 때만 해도 음반 매출이 정점을 찍을 때였지만 그 시간이 결코 길지 않았습니다. 초고속 인터넷의 보급으로 인해 도매와 소매를 기반으로 했던 컴팩트디스크 완제품 시장이 음원 시장으로 빠르게 변했기 때문입니다.

회사는 물론 가정 곳곳으로 파고든 인터넷 네트워크는 시장을 재편성했고, 음반 도매상과 소매상의 숨통을 조여왔습니다. 완제품 시장과 음원 시장의 과도기에 있었던 시기라, 그 변화에 미처 적응하지 못한 회사들은 폐업하거나 도산했습니다. 막대한 자본금으로 대한민국 음반 시장을 야심 차게 공략했던 미국계 대형 매장도 지방 대도시를 시작으로 하나둘 문을 닫았습니다. 물론 음반을 제작 유통하는 회사 역시 그 피해에서 벗어날 수 없었습니다.

제가 다녔던 회사는 건재했지만 저는 전직을 고려했습니다. 고정된 급여가 아니라 개개인의 성과에 따라 인센티브가 주어지는 일을 하고 싶은 마음이 그전부터 있었기 때문입니다. 저는 심사숙고 해서 아우디 자동차를 수입 및 판매하는 회사에 입사 지원서를 넣었습니다.

지금과 달리 수입차 점유율이 채 2%도 되지 않았던 시기라 채용 공고도 거의 없었고, 사람을 구한다 할지라도 경력직을 뽑기 일쑤였지만 저는 운이 좋았습니다. 그때 제 나이가 서른세 살이었고 결혼한 지는 3년이 되는 시점이었습니다. 저는 무척 간절했습니다. 처음으로 살아야 한다는 굳은 마음을 가지고 몸부림쳤을 때가 아닌가 싶습니다. 다행히 서류 심사와 1차 면접에 합격해 최종 면접까지 볼 수 있는 행운을 얻었습니다. 최종 면접에는 모두 20명이 합격을 했고, 그중에서 4명이 선발될 예정이었습니다.

간절한 마음은 이때부터 저를 흔들어대기 시작했습니다. 면접까지 일주일이라는 시간이 남아있었지만 무조건 붙어야 한다는 마음은 불안감으로 변해 저를 들었다 놨다

했습니다. 떨어진다는 생각만 해도 숨이 턱턱 막혀왔고, 심장이 쉴새 없이 요동치곤 했습니다. 밥을 먹어도 맛을 느끼지도 못했고, 하루 종일 속이 울렁거리는 상태가 이어졌습니다.

그렇게 가슴을 옥죄는 날이 면접 당일까지 계속되었습니다. 살고자 했던 몸부림이었기에 결과가 안 좋을 시, 저를 감당할 자신이 없었습니다.

최종 면접 당일, 새벽부터 일찍 눈이 떠졌습니다. 면접 시간은 오후 3시였지만 저는 집 안에 머무를 수가 없었습니다. 한창 달리기에 빠져있을 때라, 운동화 끈을 동여매고 한강을 따라 여의도까지 2시간 이상을 달렸습니다.

한강 변을 달리면서 어느 정도 마음이 편해지자 면접 시, 할 말들이 자연스럽게 머릿속에 떠올랐습니다. 저는 계속해서 올라오는 생각을 부여잡고 집으로 향하는 내내 그 끈을 놓지 않았습니다.

집 앞에 거의 다다랐을 즈음 전날 밤 꾸었던 꿈이 생각났습니다. 제가 서울 한복판 빌딩 꼭대기에서 차들이 빼곡한 도로를 내려다보는 꿈이었습니다. 신기한 것은 제 머리 위로 선명한 무지개가 떠 있었다는 사실입니다. 제 간절했던 마음이 빚어낸 무지개가 아니었을까요?

면접에 대한 두려움이 하늘을 찌를듯한 기세였지만 화려한 무지개가 저에게 용기와 힘을 주었습니다. 저는 그 꿈으로 말미암아 어쩌면 좋은 결과가 있을지도 모른다는 생각을 했고, 어떠한 결과든 받아들일 수 있겠다는 생각이 들었습니다.

간절한 마음은 무언가를 이뤄주는 마법임에 틀림없습니다. 꼭 이루고 싶은 꿈이 마음속에 있다면 동시에 간절한 마음도 함께 품으세요. 그러면 반드시 이뤄질 것입니다.

'내가 어떤 사람으로 살아가느냐'는
내 마음에 달렸다

저는 오랜 시간 직장생활과 글쓰기를 병행해 왔습니다. 물론 예전이나 지금이나 글쓰기는 저에게 있어서 일이 아니라 맹목적인 취미입니다. 제가 사회에 첫발을 디딘 지는 20년이 되었고, 본격적으로 글을 쓴 지는 대략 10년이 흘렀습니다.

저는 직장에서 업무를 시작한 지 5년 정도가 지났을 무렵부터 일과 사람에 대한 단상들을 하나둘 적기 시작했습니다. 이 책의 많은 부분이 그 시절 메모해 놓은 짧은 글에서 생겨났습니다.

그때는 휴대폰이 지금처럼 똑똑하지 않았기에 불현듯 떠오른 생각을 문자로 작성해서 다시 제 휴대폰으로 전송

하는 게 저의 글쓰기 방식이었습니다. 물론 시간이 날 때마다 그것들을 틈틈이 워드로 저장해 놓았지만 말입니다. 글쓰기에 있어서 메모의 중요성을 그때도 알고 있었다는 사실이 새삼 놀랍습니다.

작가가 되고 싶은 마음이나 글을 쓰는 일을 직업으로 삼겠다는 마음은 없었지만 글을 쓰는 일이 무엇보다 좋았습니다. 또 머릿속 생각을 지면으로 옮겨보면서 생전 꿔보지도 못한 꿈에 대해서 생각해 볼 수 있었지요. 목적도 없이 그저 하루하루만을 살아가던 저에게 처음으로 꿈이 생겼던 것입니다. 그 꿈은 제 사회생활을 바탕으로 일과 사람에 대해서 책을 써보겠다는 것이었습니다.

저는 일과 사람을 경험하고 배울 수 있는 직장이 있었고, 글쓰기라는 취미를 즐기고 있었으니 가능하리라 생각했습니다. 오랜 세월이 흐르긴 했어도 막연했던 생각이 이렇게 두 번째 책으로 탄생하게 되어 진심으로 고마울 따름입니다.

제 이름을 달고 나온 첫 번째 책 『마흔, 나를 위해 펜을 들다』가 세상에 나온 지, 벌써 1년이라는 시간이 흘렀습니다. 책이 나왔다는 사실도 신기하지만 일에 대한 책이 아니라 글쓰기에 대한 책이었다는 게 더 놀랍게 느껴집니다. 앞날은 예측 불가능하니까, 모두 이유가 있으리라 믿습니다.

제가 쓴 책에 대한 말이 나와서 그런데, 저는 지금도 글쓰기가 자신의 생각을 깨우는 행위라는 점에 전적으로 동의합니다. 이 말은 어디서 본 것도, 들은 것도 아닌 오로지 홀로 글을 쓰면서 느낀 겁니다. 글을 쓰는 일은 생각을 깨우고 이끌어 내는 행위가 분명합니다.

저는 어떤 일을 하든 자신의 생각을 깊이 들여다봐야 한다는 말을 하고 싶습니다. 결코 짧지 않은 시간 동안 글을 쓰면서 제 머릿속을 관찰해보니 '생각은 무한하다'는 느낌을 받았습니다. 뭔가를 골똘히 생각하면 그 생각은 세포분열이 일어나는 것처럼 꼬리에 꼬리를 문다는 사실을 알았습니다.

하루에도 수백 번씩, 셀 수 없을 정도의 생각이 머릿속을 채웁니다. 지금까지 이 책을 써오면서 제가 생각했던 것은 오로지 하나입니다. '노력을 통해 보통사람이 매력적으로 거듭날 수 있는 방법은 무엇일까?'에 대한 것이었습니다. 즉 '평범한 사람이 과연 매력적인 사람으로 변할 수 있을까?'에 대한 물음이었습니다.

감히 이러한 주제로 글을 쓸 수 있었던 것은 모두 제 경험에서 비롯되었습니다. 분명 저는 아주 평범한 사람이었지만, 그 모습을 모두 지워냈기 때문입니다. 제가 부족하지 않다고 느꼈다면 저는 달라지지도 달라질 마음을 낼 수도 없었을 겁니다. 하지만 저는 아주 멋있게 변했습니다. 물론 남들이 보는 관점이 아니라 제 관점에서 말입니다.

살아오는 동안 저보다 잘난 사람도 보았고 저보다 못난 사람도 보았습니다. 잘난 사람은 저에게 자극을 주었고, 못난 사람은 겸손을 주었습니다. 제가 알고 있는 관계는 상대성을 벗어나지 못합니다. 즉 무조건 잘난 나도 없고 무조건 못난 나도 없다는 의미입니다.

저의 미천한 경험이 여러분에게 용기를 줬으면 합니다. 제가 말하는 용기란, 가진 자는 겸손을 행할 수 있는 마음이며, 부족한 자는 자신감을 가졌으면 좋겠다는 마음입니다. 모든 일은 마음먹기에 달려있습니다. 누구나 자신의 마음에 따라 많은 것을 바꿀 수 있습니다.

매력적인 하루를 만드는
마음가짐

1. 저절로 눈이 떠지는 새벽 맞이하기

하루는 시작이 중요합니다. 아마도 매력적인 사람의 하루는 상쾌한 아침에서 시작될 거라 짐작을 해봅니다. 상쾌한 아침이란 기분 좋게 잠자리에서 일어나는 것을 말합니다. 하지만 이게 말처럼 쉽지가 않습니다. 전날 밤의 영향을 받기도 하고 사람마다 느끼는 피로도도, 체력도 모두 다르기 때문입니다. 하지만 정신이 건강하다면 피곤할지라도 기분 좋게 침대를 박차고 일어날 수 있습니다.

유년시절 소풍날 아침은 어땠나요? 잠을 잤든 못 잤든 설렘 때문에 스르르 눈이 떠지지 않았나요? 분명 힘들게 눈을 뜨던 평상시 아침과는 전혀 달랐습니다. 거기에 의미를 둔 적이 없어서 그렇지, 아주 놀라운 일입니다. 간절한 마음이 육체에까지 영향을 끼친다는 사실이 말입니다. 눈이 떠진 이유는 하루하루 손꼽아 기다린 마음 때문입니다. 어서 소풍을 갔으면 하는 간절한 마음 말이죠. 이렇듯 일상에서도 가볍게 눈이 떠지는 경우가 종종 있습니다. 제 경험에 비춰보면 사랑에 빠졌던 날도, 고대했던 첫 출근 날도 쉽게 눈이 떠졌습니다. 그것도 평소보다 훨씬 일찍 말입니다. 애써 찾아보면 더 많이 있을 겁니다. 이런 날은 모두 설렘을 품은 날이었습니다.

저에게 소풍은 먼 추억이 되었습니다. 새롭게 찾아올 사랑도 없습니다. 그래서 기분 좋게 눈이 떠지는 날이 별로 없을지도 모릅니다. 하지만 제 생각과 다르게 요즘은 새벽 일찍 눈이 떠지곤 합니다. 소풍날의 설렘 같은 것은 없지만 똑같은 시간 상쾌한 새벽을 맞이합니다. 저녁형 인간이 아침형 인간이 되었다고 할까요? 그 이유를 곰곰 생각해 보니, 꿈 때문이라는 사실을 알았습니다. 꿈에 대한 간절함이 제 몸에 영향을 끼쳤던 것입니다. 제 몸도 마음도 그 꿈이어서 현실이 되길 바라고 있나 봅니다.

다른 날과 달리, 여유 있는 아침을 맞이하면 건강하다는 느낌이 듭니다. 이런 아침은 뭔가 넉넉함이 있습니다. 분위기는 물론 집안을 흐르는 공기까지 다릅니다. 분명 허겁지겁 세안만 하고 나와 망연자실 회사로 가는 버스를 놓쳤던 아침과는 전혀 다릅니다. 버스가 지나가서 놓치든 말든 상관이 없으니까요. 출근 시간까지 꽤 많은 시간이 남아있을 것이 당연하죠.

저는 이렇게 생각합니다. 누구나 절실한 목표를 행동으로 옮기면 몸이 먼저 반응한다고 말입니다. 더 자고 싶어도 잠들 수 없는 전혀 다른 풍경이 벌어질 겁니다. 정신과 몸이 만들어낸 상쾌한 새벽은 기분 이상의 것을 담고 있습니다. 꿈을 향한 구체적인 초석이 만들어진다고 할까요? 누군가 새벽 일찍 눈이 떠진다면 꿈으로 조금씩 다가가는 상태라 감히 말하겠습니다. 평소보다 잠이 줄었을지라도 졸음도 피곤함도 느낄 새가 없습니다.

2. 새벽 시간 즐거운 일 찾기

저는 새벽에 글을 씁니다. 술을 좋아하다 보니 저녁에는 규칙적으로 글을 쓸 수가 없더라고요. 그렇다고 업무시간에 회사에서 쓸 수도 없는 노릇이고요. 술도 마시고 글도 쓸 방법이 없을까, 고민하던 차에 새벽에 글 쓰는 방법을 찾아냈습니다. 이 책에 있는 글 역시 새벽 공기와 고요함이 만들어준 것이죠. 하루 중 정신이 가장 맑을 때 쓰인 글이라 할 수 있습니다.

저는 새벽 일찍 회사에 가는 것을 좋아합니다. 오래전부터 즐겼다고 할까요? 특별히 할 일이 있어서 그런 것은 아니고, 이른 시간 아무도 없는 사무실이 좋았기 때문입니다. 여섯 시부터 여덟 시까지 두 시간은 오직 저만의 시간이었죠. 넓은 공간 가라앉은 공기와 고요함은 항상 저를 돌아보게 했습니다. 저는 그 시간이면 어김없이 글을 썼습니다. 현실이 마음에 들지 않았기에 가만히 있을 수 없었습니다. 부끄러운 아빠가 되지 않기 위해 글을 썼습니다. 늘 그랬던 것처럼 주어진 두 시간은 쏜살같이 지나갔습니다. 새벽 시간은 생각 이상으로 매우 빠르게 갑니다. 고요함이 오롯이 자신에게 집중할 수 있게 해주기 때문이죠.

기분 좋은 아침을 맞이할 수 있느냐 아니냐는, 즐길 수 있는 일이 있느냐 아니냐의 문제라고 생각합니다. 다시 말하면 일이든 취미든 그것을 어서 하고 싶다는 마음인 거죠. 일이라면 빨리 직장에 가고 싶다는 마음일 테고, 취미라면 저의 글쓰기처럼 거스르고 싶지 않은 행위일 겁니다. 자명종 소리에 어쩔 수 없이 눈뜨는 하루는 괴롭고 불편합니다. 잠자리에서 일어나는 것 자체가 이미 괴로움의 시작이고요. 행복한 하루의 담보는 기분 좋게 눈을 뜰 때가 아닐까요? 뭔가 하고 싶은 생각이 마구마구 올라오는 상태 말입니다.

3. 출퇴근 시간 잘 활용하기

출근길은 퇴근길보다 상당히 분주해 보입니다. 아마도 대부분 사람이 시간에 쫓기기 때문일 겁니다. 앞서 언급한 것처럼 누구나 여유로운 아침을 가지는 것은 아니니까요. 저는 운전하는 것을 싫어해 웬만하면 대중교통을 이용합니다. 젊은 날에는 기다리는 것도 걷는 것도 싫어 자가용을 주로 이용했지만, 이제는 대중교통의 편리함을 알기에 직접 운전하는 일은 거의 없다시피 합니다. 꽉 막힌 도로에 꼼짝없이 갇혀있는 모습을 생각하니 숨이 턱턱 막혀오네요.

가까운 절친은 이른 아침 지하철을 타고 출근합니다. 얼마 전, 만남에서 친구는 하루 중 출근 시간이 제일 즐거운 시간이라고 말하더군요. 이유를 들어보니 50분 정도 클래식 음악을 들으며 책을 읽을 수 있는 그 시간이 매우 행복하다고 합니다. 의미도 없이 허공으로 사라질 죽은 시간을 살려냈다고 할 수 있을까요? 친구는 퇴근길까지 포함하면 하루 100분 이상을 누구보다 즐겁고 알차게 보내는 셈이네요. 사실 저는 친구의 말을 들으며 적잖이 놀랐습니다. 현실에 대한 긍정적인 사고 없이 그러한 생각을 할 수는 없을 테니까요. 보통사람과는 전혀 다른 사고라 할 수 있죠. 앉을 자리는 고사하고 인파에 갇혀 숨쉬기조차 버거운 곳에서 누구나 지닐 수 있는 마음은 아니니까요.

저도 얼마 전까지 광역버스를 이용해 출근했습니다. 저 역시 친구와 비슷하게 버스를 타고 가는 시간이 무엇보다 좋습니다. 친구와 마찬가지로 음악도 들었고 책도 읽었습니다. 한창 일이 바쁠 때는 버스에서 보내는 시간이 유일한 휴식 시간이기도 했습니다. 피곤함에 잠시 잠이 들면 조금 더 거리가 멀었으면 하는 마음이 있었습니다. 또 급한 원고가 있으면 노트북을 펼쳐 글을 쓸 수도 있었고, 써놓은 글을 다듬을 수 있는 귀한 시간이기도 했습니다. 근데 이리저리 흔들리는 버스에서 자판을 두드리기란 꽤 인내가 필요한 일이었죠.

저는 별 것 아닌 것처럼 보이는 자투리 시간을 활용하는 게 알찬 하루를 보장한다고 믿습니다. 출퇴근길에 뭔가에 집중할 수 있는 사람은 진취적일 수밖에 없습니다. 그것을 행하겠다는 마음 자체가 진취적인 겁니다. 그게 무엇이든 자신이 진심으로 원하고 즐겁지 않다면 굳이 만원 지하철 이나 버스 안에서 행할 이유가 없을 테니까요. 분명 그러한 사람에겐 그런 하루가 한 달이 될 테고, 일 년이 될 겁니다. 그 소소한 즐거움이 쌓이면 작든 크든 뭔가가 만들어지지 않을까요? 결국, 삶은 더 좋은 방향으로 흘러갈 겁니다. 일을 하든 놀든 현재 주어진 시간을 즐기는 것이 중요하지 않을까 합니다.

4. 밝은 얼굴로 밝게 인사하기

회사에 도착하면 사무실 청소를 해주시는 이모님을 제일 먼저 마주했습니다. 누구보다 일찍 출근하셔서 빠르게 청소를 하고 소리소문없이 사라지는 고마운 분이셨죠. 이모님에게 밝게 인사를 하는 게, 저의 하루 중 누군가에게 보이는 첫 표정이었습니다. 저는 인사의 중요성을 잘 알고 있습니다. 인사는 한 사람의 성격을 고스란히 보여주기 때문이죠. 마음속에서 우러나오는 인사와 어쩔 수 없이 하는 형식적인 인사가 있습니다. 전자는 웃음을 띤 인사일 테고, 후자는 무표정한 인사일 겁니다. 인사는 밝은 표정으로 하는 게 맞습니다. 그게 진정한 인사이기 때문입니다.

누군가에게 밝게 인사하면 그 순간 제 기분 또한 덩달아 좋아짐을 느낄 수가 있습니다. 그 시간이 짧아 인식하기가 힘들지만 분명 기분의 변화가 있습니다. 오래전, 저는 주말마다 한강을 따라 달렸습니다. 뙤약볕 아래, 홀로 달리다 보면 반대편에서 저와 비슷한 복장으로 달려오는 사람과 마주치게 됩니다. 그리고 누가 먼저랄 할새 없이 한쪽 손을 들어 인사를 하곤 했습니다. 일면식은 없어도 마음으로나마 서로 격려해 주기 위함입니다. 신기한 것은 손을 들어 인사를 할 때, 무거웠던 몸이 갑자기 가벼워진다는 사실입니다. 순간적으로 힘이 솟는다고 할까요? 그러면 힘들이지 않고 꽤 긴 거리를 달릴 수 있었습니다.

저는 그 신기함에 저를 향해 달려오는 모든 사람에게 똑같이 손을 들어 인사를 해보았는데요. 매번 고통이 사라지는 경험을 했습니다. 계획된 인사인데도 말입니다. 어쩌면 우리가 잘 몰랐던 인사의 힘일지도 모르겠습니다. 드러나지 않은 비밀이라 할 수 있을까요? 신경 쓰지 않는 이상 느낄 수 없는 몸과 마음의 변화이죠. 누구나 일상적인 행동이라 그냥 지나쳐버릴 수밖에 없었을 겁니다.

누가 먼저라고 할 것 없이 회사에 도착하면 밝게 인사를 해보면 어떨까요? 기분이 좋든 아니든 말입니다. 기분이 좋으면 그 기분은 더 좋아질 테고, 행여나 기분이 안 좋더라도 잠시나마 기분이 좋아질 것은 당연합니다. 밝은 인사가 웃음을 줄 테니까요. 인사는 서로의 마음을 확인하고 돈독히 하는 기특한 임무를 수행하니 누구나 적극적으로 이용했으면 하는 바람입니다. 아마도 여러분의 주위에 누구보다 밝고 기쁘게 인사를 하는 사람이 있다면, 아마도 아주 매력적인 사람일 게 분명합니다.

5. 즐거운 점심시간 만들기

사람의 욕구 중에 식욕보다 더한 것이 있을까요? 몸만 건강하다면 태어나서 죽을 때까지 행할 수 있는 커다란 즐거움이 음식을 먹는 일입니다. 과하게 먹지만 않는다면 건강과 기쁨을 모두 챙길 수 있는 신나는 일이죠. 위신 때문에 표현은 안 할지라도 사장이든 직원이든 하루 중, 최고의 관심사가 점심시간이 아닐까 합니다. 직장인에게 점심시간은 오후 업무를 위한 충전의 시간이기도 하죠. 물론 맛있는 음식이 주인공입니다. 직장도 하는 일도 다르지만, 모두가 비슷한 시간에 점심을 먹습니다. 하지만 그 시간을 대하는 태도는 사람에 따라 차이가 날지도 모릅니다. 다시 말하면 그 질이 다를 수도 있다는 거죠.

불과 얼마 전, 두 달 동안 점심을 굶은 적이 있습니다. 남들이 모두 점심을 먹으러 간 사이, 저는 회사 근처 낮은 산을 올랐습니다. 음악을 들으며 천천히 걸었습니다. 얼마 못 가 배가 많이 고팠습니다. 아침도 안 먹은 상태였으니 꽤 참기가 힘들었습니다. 하지만 과식 후 포만감보다 차라리 공복감이 나을지도 모른다는 생각을 했습니다. 배는 고팠을망정, 정신은 그 어느 때보다 맑았기 때문입니다. 제 몸도 마찬가지고요.

하루 중, 저녁만 먹고 그렇게 2만 보 이상을 걸었더니 빠르게 체중이 줄었습니다. 두 달이 지나자 체중은 8킬로그램이나 줄어 있었습니다. 한 달에 4킬로그램씩 뺀 셈이었습니다. 배는 고팠지만, 산책의 즐거움에 빠져 체중이 저절로 줄었다고 할까요? 사실 작년에 힘들게 감량한 체중이 그 전으로 다시 돌아와, 시작한 일이었지만 먹는 즐거움이 아니라 새로운 즐거움을 알게 된 계기이기도 했습니다. 무거워진 몸보다 거울에 비친 제 모습이 무엇보다 싫었는데, 그 모습은 이제 온데간데없고 그 자리를 날씬한 몸이 차지하고 있습니다. 먹는 즐거움이 아니라 새로운 즐거움도 알고, 또 그 즐거움이 날씬한 몸도 주었으니 일석이조 효과를 보았네요.

점심시간은 먹는 게 다인 줄 알았는데, 더한 즐거움이 있었습니다. 제 경험에 비춰보니 먹는 시간을 최소화하고, 남은 시간을 자신에게 투자하면 조금 더 충실한 점심시간이 되지 않을까 합니다. 저처럼 극단적으로 뭔가를 할 필요는 없습니다. 잠시 눈을 붙이든, 가까운 거리를 산책하든 자신의 하루에 활력을 줄 것들을 찾아서 하면 되니까요. 제 주위에는 간단히 점심을 때우고 영어를 배우는 사람도 있고요, 근처 헬스장에서 운동하거나 요가를 배우는 사람도 있습니다. 또 북 카페에서 간단한 식사를 하며 책을 읽는 사람도 있죠. 점심시간에 늘 육체만 배불리 먹었다면, 정신도 조금이나마 대접해 주는 게 공평하지 않을까요?

6. 기다려지는 퇴근 시간 만들기

아침은 하루의 시작이고 저녁은 마무리입니다. 해가 뜨면 눈을 뜨고 해가 지면 눈을 감아야 합니다. 사람이든 동물이든 모두 같습니다. 저녁 시간을 어떻게 보내느냐 아니냐에 따라 삶의 질이 달라지는 것은 물론 다음 날의 컨디션까지 좌우된다고 생각합니다. 누구나 저녁 시간을 알차게 보내고 싶어 할 겁니다. 저 역시 마찬가지입니다. 마침 주 52시간제 도입으로 예전보다 저녁 시간의 활용도가 높아졌습니다.

누구나 아침부터 저녁까지 일한 것에 대한 보상이 필요할지도 모릅니다. 누군가는 유흥을, 또 다른 누군가는 자기 계발을 추구할지도 모릅니다. 친구를 만나 담소를 나눠도 좋고, 미래를 위해 학원에 다녀도 좋습니다. 놀이든 일이든 자신이 즐겁게 할 수 있다면 무엇이든 좋지 않을까 합니다. 가족과의 저녁 식사가 제일이라면 그것 역시 긍정적입니다. 가족에 대한 사랑만큼 소중한 일은 없을 테니까요.

저녁 늦게 피트니스 클럽에 가보면 남녀 구분 없이 많은 사람이 구슬땀을 흘리고 있습니다. 걷고 뛰고 들고 모두가 열심히 몸을 움직입니다. 또 늦은 밤 한강에 나가보면 무리

지어 자전거를 타는 사람들도 자주 보입니다. 대형 서점은 또 어떤가요? 저는 이러한 행위가 내일을 위한 충전이라고 생각합니다. 제가 봐온 멋진 사람들은 멈춰있지 않고 늘 뭔가를 찾아 움직였습니다. 그들에게 멈춰있는 시간은 오직 수면 시간밖에 없어 보였습니다. 움직이는 삶은 결과가 된다고 생각합니다. 어쩌면 그 순간이 결과일지도 모르는 일이고요.

저는 지금도 저녁만 먹습니다. 간헐적 단식을 매일 행하고 있는 셈이네요. 이제는 몸이 제대로 적응을 했는지 극심한 배고픔은 느껴지지 않습니다. 배가 비어있다는 사실만 인지할 뿐, 고통스럽지 않습니다. 그와는 반대로 늘 희망을 품고 있다고 할까요? 언제든 무엇이든 맛난 음식을 집어넣을 수 있다는 사실 때문입니다. 배가 부르면 어떤 음식도 맛이 없을 테니까요. 그래서 저에게 저녁 시간은 꽤 중요합니다. 그렇다고 거창한 음식을 먹는 것은 아니고요. 혼자 김밥 한 줄을 먹더라도 제대로 먹고자 하는 마음입니다. 굶어가며 열심히 일한 나에게 주는 선물이니까요. 그렇기에 술을 좋아해도 아무나 만나서 마시지 않습니다. 사람이 많이 모이는 자리는 피하고, 둘이나 셋 정도의 만남만 가지려

애씁니다. 그 시간이 유익했으면 하는 바람 때문입니다. 삶의 고민 같은 것을 진지하게 얘기하는 시간이 좋으니까요.

바람직한 저녁 시간을 보내는 일은 기분전환, 즉 자신의 마음에 활력을 불어넣어 주는 시간이라고 말하고 싶습니다. 긍정적인 결과가 보장된 일이라면 더 좋을지도 모르지만 당장 행복하다면 결과가 없어도 문제 될 것 없습니다. 건강한 정신만 유지할 수 있다면 말이죠. 마음이 아픈 사람은 움직이지 않으려 합니다. 또 밖으로 나오지도 않습니다. 마음이 아프니 당연합니다. 하루의 마감이 즐겁거나 뿌듯해야 할 이유가 여기에 있습니다. 정신이 건강하다는 것을 증명해 주는 것이니까요.

확인해 볼 수는 없습니다. 하지만 제가 봐온 매력적인 사람들은 예나 지금이나 워라밸을 철저히 실천하고 있는 듯했습니다. 업무도 열심히 하지만 배우는 것도, 만남도 아주 적극적이었으니까요. 그래서인지 몰라도 그들에게 공통점이 있었습니다. 갑자기 번개를 치기가 꽤 힘들다는 것입니다. 그들은 뭔가를 배우든 누군가를 만나든 늘 할 일이 빽빽하게 정해져 있었으니까요.

7. 꿀맛 같은 잠자기

젊은 날, 건설현장에서 일한 적이 있습니다. 일의 특성상 일감을 받기 위해서는 새벽 여섯 시 안에 인력사무실에 도착해야만 했습니다. 다섯 시에 일어난다 치더라도 서둘러야 했죠. 첫차를 놓치면 낭패였습니다. 다른 아르바이트에 비해 일당은 꽤 높았지만, 노동의 강도가 그만큼 컸습니다. 곳곳에 위험이 도사리고 있었고, 무엇보다 더디게 흐르는 시간이 고통이었습니다. 새벽부터 일어나 열 시간 이상을 고된 노동으로 보내야 하니 그 시간이 길게 느껴지는 것은 당연할 겁니다. 무사히 일을 마치고 집에 오면, 받은 일당을 책상 서랍에 던지듯 넣었습니다. 수북이 쌓인 만 원짜리 지폐가 잠시 피곤을 잊게 해주었지만 그때뿐이었죠.

샤워를 하고 저녁을 먹고 난 후, 침대에 몸을 눕히면 침대 안으로 빨려 들어갈 것 같았습니다. 침대가 제 몸을 밑으로 계속해서 당기는 듯한 느낌이라 할 수 있을까요? 몽롱한 정신도 한몫했지만, 그 기분이 싫지 않았습니다. 백수 시절 잠에 취했던 날과는 전혀 다른 잠이었습니다. 꿀맛 같은 잠이었다고 할까요? 힘들었지만 뭔지 모를 뿌듯함 때문에 계속해서 일할 수 있었습니다.

비단 육체적인 노동이 아닐지라도 하루를 허투루 보내지 않는 사람도 이와 같지 않을까 합니다. 주어진 하루를 열심히 살았냐 아니냐는 잠드는 속도에 달려있을지도 모르겠습니다. 노동이든 아니든 열심히 일한 날은 눕자마자 곯아떨어졌으니까요. 빠르고 깊게 잠들 수 있는 하루를 만드는 일은 중요합니다. 그게 하루를 충실히 보낸 사람의 결과이기 때문입니다. 또 매력적인 사람에게서 볼 수 있는 공통적인 모습이기도 하고요. 그들은 항상 열정적으로 움직였으니까요.

적당한 거리에서 행복한 인간관계를 만드는 태도

관계는 습관이다

초판 1쇄 발행 2020년 8월 25일
초판 2쇄 발행 2020년 9월 15일

지은이 김진
펴낸이 정혜윤
편 집 한진아
마케팅 윤아림
디자인 김윤남, 이유진
펴낸곳 SISO

주소 경기도 고양시 일산서구 일산로635번길 32-19
출판등록 2015년 01월 08일 제 2015-000007호
전화 031-915-6236
팩스 031-5171-2365
이메일 siso@sisobooks.com

ISBN 979-11-89533-33-5 03190

이 도서의 국립중앙도서관 출판예정도서목록(CIP)은 서지정보유통지원시스템 홈
페이지(http://seoji.nl.go.kr)와 국가자료종합목록 구축시스템(http://kolis-net.
nl.go.kr)에서 이용하실 수 있습니다. (CIP제어번호 : CIP2020032748)